Hans-Herbert Holzamer

Optimales Wohnen und Leben im Alter

Hans-Herbert Holzamer

Optimales Wohnen und Leben im Alter

Alle Wohnformen im Überblick – Alle staatlichen Förderungen – Checklisten und Adressen

Linde international

stern

Bibliografische Information Der Deutschen Bibliothek

Die Deutsche Bibliothek verzeichnet diese Publikation in der Deutschen Nationalbibliografie; detaillierte bibliografische Daten sind im Internet über http://dnb.ddb.de abrufbar.

ISBN-978-3-7093-0196-8

Umschlag: *stern* und buero8
Satz: Hannes Strobl, Satz·Grafik·Design, 2620 Neunkirchen

1210 Wien, Scheydgasse 24, Tel.: +43/1/24 630
www.lindeverlag.at
Druck: Hans Jentzsch & Co. GmbH., 1210 Wien, Scheydgasse 31
1

Inhalt

Vorwort

Dieses Buch baut Barrieren ab – Barrieren im Kopf. Wer Eltern hat, die auf die Siebzig zugehen, oder selber in diesem Alter ist, weiß, wie schwer es fällt, seiner Mutter, seinem Vater oder eben sich selbst Fragen zu stellen wie diese: Wohin, wenn das alltägliche Leben nicht mehr so leicht fällt? Wie leben, wenn die Arthritis die obersten Bretter des Buchregals unerreichbar macht? Wie zum Zahnputzbecher kommen, wenn der Rollstuhl nicht durch die enge Tür zum Bad passt?

Solange alles noch geht, sind solche Fragen in den allermeisten Familien ein großes Tabu. Der *stern*-Ratgeber „Optimales Wohnen und Leben im Alter" will die Hemmung nehmen.

Mit viel Empathie geschrieben, gibt dieses Buch Antworten auf alle unangenehmen Fragen. Vor allem aber sehr praktischen Rat – etwa in Form einer Checkliste, mit deren Hilfe man, wenn man noch fit ist, durch seine Wohnung oder sein Haus gehen und prüfen kann, wie altersgerecht das eigene Zuhause wirklich ist und ob nicht schon die kleine Schwelle zum Balkon eines Tages zum unüberwindlichen Hindernis werden kann.

Und wenn schon ein Umzug sein muss, dann zeigt dieses Buch mit vielen Beispielen, dass kein trostloses Heim auf Sie oder Ihre Eltern warten muss, sondern in den vergangenen Jahren viele neue, attraktive Wohnformen entstanden sind. Und der Ratgeber gibt Tipps, wie Sie diese finden und worauf Sie etwa beim betreuten Wohnen achten müssen.

Also, *stern*-Ratgeber zur Hand nehmen – und bei nächster Gelegenheit endlich beherzt und mit frischem Mut die Frage stellen, die doch nur liebevoll gemeint ist: Wohin mit Oma, wenn sie alt ist?

Frank Thomsen
Chefredakteur stern.de

Einleitung

Wir werden immer älter. Doch wann sind wir alt? Wann sind unsere Eltern alt? Wann sind die alt, die uns am Herzen liegen, Freunde und Verwandte, um die wir uns kümmern? Vom Mittelalter, als ein 40-Jähriger bereits ein alter Mann war, wollen wir nicht reden. Aber fing das „Seniorentum" nicht noch vor zehn Jahren bei einem Alter von 55 an?

Generation 50 plus – umworbene Zielgruppe

Die „Generation 50 plus" war plötzlich – die Renten waren (angeblich) noch sicher – eine umworbene Zielgruppe. Doch wie sollte man sie ansprechen? „Alte" oder „Senioren" trauten sich die Marketingexperten sie nicht zu nennen. „Best agers", „Lebenserfahrene" und andere Begriffe mussten her, um diejenigen nicht zu vergrätzen, die man gerade als neue Zielgruppe unter den Konsumenten entdeckt hatte. Es sah so aus, als würden die Bedürfnisse dieser Altersgruppe endlich ernst genommen.

Auch spezielle Wohnformen wurden entwickelt. Diese sollten Selbstständigkeit, Komfort, Sicherheit und viel Service bieten. Von Residenzen war die Rede: Nicht wohnen sollte der Senior in Anlehnung an einen IKEA-Slogan, sondern residieren wie ein Fürst. Zum Sammelbegriff für diese Wohnform – kein Heim, aber auch kein abgeschobenes, nur geduldetes Wohnen mehr in der Familie – wurde „betreutes Wohnen".

Da die meisten Anlagen, die betreutes Wohnen anboten, eine Geschäftsidee für die vitalen jungen Alten, aber kein Wohn- und Servicekonzept hatten, machten viele, statistisch gesehen fast die Hälfte, eine Bauchlandung – und das betreute Wohnen bekam Schatten.

Inzwischen gibt es eine Reihe von Organisationen, die im Interesse der Senioren, der Kommunen, der Betreuungs-

Betreutes Wohnen

träger und der Bauwirtschaft Qualitätskriterien aufgestellt haben. Und mit der DIN 77800 gibt es jetzt auch eine Definition, was betreutes Wohnen eigentlich ist.

Etwas Positives haben die schlechten Nachrichten über viele Wohnanlagen bewirkt: Man hat begonnen, sich ernsthaft mit dem Wohnen im Alter zu befassen. Die Diskussion hat gerade erst begonnen. Doch bereits jetzt zeigt sich: Die Senioren stehen nicht unbedingt im Mittelpunkt – es geht auch und vor allem um Geld und Einfluss.

Dieser Ratgeber will Betroffenen helfen, ihre eigenen und die Interessen derer, die auch im Alter sicher und selbstständig leben wollen, durchzusetzen, auch wenn die Frage: „Wann sind wir alt?“ damit noch nicht beantwortet ist.

Frei, aber unterstützt und geschützt

Senioren, ihre Verwandten, ihre Freunde, alle, die sich um sie kümmern, bekommen in diesem Ratgeber viele Hinweise und Tipps. Im Mittelpunkt steht Ihr freies, selbst verantwortetes, aber unterstütztes und geschütztes Leben. Zunächst im eigenen Haus. Können Sie sich das angestrebte Leben dort einrichten? Was müssen Sie tun, um Hilfe und Pflege zu bekommen? Was müssen Sie tun, um die Wohnung zu herzurichten, dass sie Ihren Bedürfnissen entspricht? Ob und mit welchen kleinen oder größeren Umbauten dies geschehen kann, damit befasst sich dieser Ratgeber – natürlich spielt auch die Finanzierung dabei eine Rolle.

Und wenn Ihr Haus oder Ihre Wohnung die erforderliche Sicherheit nicht bieten kann, auch nicht nach einem Umbau, wenn also ein Umzug nötig ist, wird Ihnen dieser Ratgeber ebenfalls Rat und Unterstützung bieten. Er zeigt die bereits bestehenden Wohnmöglichkeiten auf, er nennt die Modelle, die diskutiert und erprobt werden. Dabei wird das betreute Wohnen in einer Wohnanlage besonders ausführlich behandelt, aus der Überzeugung heraus, dass hier die Qualität des Wohnens, des Services und der Betreuung am besten verbunden werden können. Diese Wohnform ist auch das Maß aller Dinge, an dem sich viele andere Modelle und Alternativen orientieren.

Der Ratgeber will Ihnen bei der Suche nach geeigneten Dienstleistern helfen, zum Beispiel nach ambulanten Pflegediensten, die vertrauenswürdig sind, und er will Ihre Fragen nach finanzieller Unterstützungen durch Versicherungen und Staat beantworten.

Mit diesem Ratgeber können Sie für sich und Ihre Anvertrauten die entscheidenden Fragen des nächsten Lebensabschnitts verlässlich beantworten. Mit den folgenden Texten, Tipps, Merklisten und Selbsttests werden Sie gut gerüstet sein, mitzureden und zu entscheiden.

KAPITEL 1

Altersgerecht wohnen – was bedeutet das?

Bittere Statistik

Vertrag der Generationen

Während andere Gesellschaften, etwa in den USA oder in Dänemark, die Altersvorsorge kapitalgestützten Systemen anvertrauen, setzte man in Deutschland auf den Vertrag der Generationen. Die Jungen helfen den Alten. Doch immer weniger Junge müssen die Last von immer mehr Alten tragen. Der Anteil der über 60-Jährigen, der um die Jahrhundertwende bei 5 Prozent lag, liegt heute bei rund 25 Prozent und wird im Jahre 2030 bei 35 bis 38 Prozent liegen.

Im Jahr 2050 wird – nach einer Berechnung des Statistischen Bundesamtes – die Hälfte der Bevölkerung älter als 48 Jahre und ein Drittel 60 Jahre oder älter sein.

Ein 60-jähriger Mann hat heute im Durchschnitt noch etwa 20 Lebensjahre vor sich, eine 60-jährige Frau sogar noch 24 Lebensjahre. Und das bei besserer Gesundheit und größerer Bereitschaft und Fähigkeit beider Geschlechter, aktiv ihre Interessen zu verfolgen, als es früher der Fall war. Eine Pflegebedürftigkeit tritt nach Angaben des Statistischen Bundesamtes verstärkt erst bei Menschen über 85 Jahren auf. Selbst in der Altersgruppe der 85- bis 90-Jährigen können sich 60 Prozent meist noch gut allein versorgen.

Rund 15 Millionen Rentner gibt es derzeit in Deutschland; im Jahr 2030 werden es über 22 Millionen sein. Im Jahr 2040 kommen statistisch auf einen Rentner nur noch knapp zwei Personen im arbeitsfähigen Alter, heute sind es vier.

Müssen heute etwa 100 Menschen im Erwerbsalter (von 20 bis 59 Jahre) 44 Personen im Rentenalter (ab 60 Jahre) finanziell absichern, werden es 2050 etwa 78 sein.

Wir leben länger

Und ein Ende dieses Trends ist nicht abzusehen. „Wir leben vier Jahre länger als unsere Eltern, unsere Kinder vier Jahre länger als wir", sagt Axel Börsch-Supan, Direktor des Mannheimer Forschungsinstituts Ökonomie und demografischer Wandel. In Kombination mit der in Deutschland vorherrschenden niedrigen Geburtenrate wird der Generationenvertrag durch diese Entwicklung utopisch.

Welche Botschaft verbirgt sich für Sie hinter den vielen Zahlen? Eigentlich nur eine: damit zu rechnen, dass der Staat seine Unterstützung für die Senioren weiter zurückfahren wird. Das bedeutet, dass Sie die Lösung suchen, die Sie mit eigener Kraft leisten können. Reißen Sie die Traumschlösser ein, geben Sie sich aber auch nicht resigniert mit den Almosen des Staates zufrieden. Was dieser zu leisten verpflichtet ist, finden Sie in diesem Ratgeber – und auch, was Sie der eigenen Familie zumuten können. Vorsicht im Umgang mit den ambulanten Pflegediensten ist angebracht, die als Ergebnis des Pflegeversicherungsgesetzes wie Pilze aus dem Boden schießen. Nicht alle sind ungefährlich.

Gottvertrauen ist gut, aber nicht mit Nichtstun zu verwechseln. Vom statistischen Nachwuchs in Deutschland wird nichts zu holen sein. Mit einem Schnitt von nur 1,36 Geburten pro Frau (2005) liegt Deutschland fast gleichauf mit Italien und Spanien. Zum Erhalt unserer Bevölkerung wäre es erforderlich, dass jede Frau statistisch 2,1 Kinder zur Welt bringt. Doch davon sind Deutschlands Frauen weit entfernt.

GUT ZU WISSEN

Wer ist alt? 60 Prozent der 80- bis 90-Jährigen können sich meist noch gut allein versorgen.

Die Alten bleiben jünger

Kinderwagen, Rollator und Rollstuhl

Jammern junge Mütter schon einmal über Probleme, den Kinderwagen über Schwellen und Treppen zu befördern, stellen Ältere erstaunt fest, dass ihr Rollator oder ihr Rollstuhl an den gleichen Hindernissen stehen bleibt, und erinnern sich – vielleicht – an früher. Denn zwischen dem Schieben von Kinderwagen und Rollator liegt eine große Zeitspanne, selbst wenn man berücksichtigt, dass die meisten Mütter heute Spätgebärende sind.

Vermutlich machen Sie dieselbe Erfahrung: Es ist von einem erheblich höheren Alter derjenigen auszugehen, die ihr Wohnumfeld ihren körperlichen und psychischen Verhältnissen anpassen wollen. Wann haben Sie begonnen, sich mit der Frage des Wohnens im Alter auseinanderzusetzen? Statistische Ergebnisse aus Anlagen des betreuten Wohnens zeigen, dass der Wechsel zu dieser Art des Wohnens im Durchschnitt mit 75 Jahren erfolgt, wenn nicht mehr zu verdrängen ist, dass das Treppensteigen schwerfällt oder sich andere Beeinträchtigungen einstellen.

Selbstbestimmt außerhalb des Heims

Früher ging der Senior in ein Heim, wenn er nicht auf dem Land im Familienverbund lebte. Das war ausgemacht, diskutiert wurde nicht. Heute sind die „jungen Alten" gesünder, vitaler und aktiver. Sie respektieren, dass sie keine jungen Hüpfer mehr sind, und suchen ein passendes Wohnumfeld, aber sie wollen ihre Selbstbestimmung nicht in der Geschäftsstelle eines Heims abgeben. Sie wollen Unterstützung, aber keine Bevormundung. Sie suchen die Alternative zum Heim.

Praktische Belege dafür gibt es viele. Sie werden auch diese Erfahrung gemacht haben. Als in Würzburg neben einem Heim die Wohnanlage des betreuten Wohnens Miravilla gebaut wurde, sagten viele Heimbewohner: „Mit der angebotenen Unterstützung kann ich dort auch wohnen." Die Fitteren wechselten. Die unausweichliche Folge: Das Heim wurde von einem Altersheim zu einem Pflegeheim.

Altersheime sind out

Dieses Phänomen kennzeichnet einen allgemeinen Trend. Altersheime sind out. Sie sind auch finanziell mit den gesetzlichen Anforderungen und den geforderten Leistungen kaum noch zu betreiben. Und die Gemeinden und die zuständigen Stellen reagieren entsprechend. Inzwischen folgt auch der Sprachgebrauch. „Altersheime" gibt es fast nur noch auf dem Land, in der Stadt heißen sie „Pflegeheime".

Die Heimvermeidungsstrategie der Politik

Heimvermeidungsstrategie

Die Politik hat einige Modelle für die Senioren entwickelt und unterstützt Privatinitiativen, die in die von ihr gewünschte Richtung gehen. Sie verfolgt eindeutig eine „Heimvermeidungsstrategie". Was sie primär will, ist, dass der Ältere, solange es geht, zu Hause wohnen bleibt.

Das ist für sie auch die billigste Variante. Wenn das nicht möglich ist, sollen kleinteilige Lösungen her. Aber was will der Senior? Und was heißt „solange es geht“?

Dieter Kreuz von der Arbeitsgruppe Afa – Arbeitsgruppe für Sozialplanung und Altersforschung, Koordinationsstelle Wohnen zu Hause – in München meint, die Hälfte der Senioren mit Pflegestufe I, die heute in einem Heim sind, „könnten zu Hause bleiben und dort ganz gut leben“. Das hätte erhebliche Konsequenzen und würde Geld sparen. Allerdings bräuchte man dazu die passende „Infrastruktur“, was für Kreuz „betreutes Wohnen zu Hause“ heißt. Damit wird sich dieser Ratgeber ebenfalls ausführlich befassen.

Senior who?

„Der Senior“ gehört einer sehr inhomogenen Gruppe an. Er kann 60 Jahre alt sein, aber auch 100. Er kann fit sein, aber auch krank. Vor allem aber: Sein Zustand ist möglicherweise raschen Veränderungen unterworfen, leider zumeist Richtung Pflegebedürftigkeit. Daher tritt oft an die Stelle, was er möchte, das Gebot, was er braucht. Doch gerade das will er selbst entscheiden.

Das Dilemma ist in vielen praktischen Ausgestaltungen dramatisch. Die Diskussionen mit den eigenen Eltern und Großeltern sind jedem, der sie führte, in Erinnerung. „Du bist uneinsichtig, störrisch“, das bekamen die Alten zu hören. „Ich bin immerhin noch dein Vater, dann kannst du mich gleich auf dem Friedhof abliefern“, so lautete häufig die Reaktion der Alten. Sie werden Ihre eigenen Erfahrungen gemacht haben.

Was die passende Wohnung angeht, ist das Dilemma jedoch nicht so groß, wie man oft meint. Es löst sich durch den Umzug in eine Wohnung, die den Senior begleitet auf dem Weg von den Wünschen zu den Bedürfnissen. Die zu finden ist das Problem. Es kann die eigene sein, es kann eine neue sein. Die begleitende Wohnung, gibt es die? Das wird vermutlich auch Ihre zentrale Frage sein. Wohnung meint in diesem Sinne Unterkunft, Gemeinschaft, Betreuung, Pflege. Die Antwort ist: Ja, aber …

Begleitende Wohnung

Diese Wohnung entspricht dem Wunsch, nicht mehr umziehen zu müssen. Aber wer braucht sie? Der Lebenswirklichkeit entspricht, dass nur 4 von 100 Menschen nicht in der eigenen Wohnung beziehungsweise im Krankenhaus, in das sie nach Erkrankung oder als Notfall eingeliefert werden, sterben. Nur diese vier werden zur Pflege in ein Heim gebracht. Das wirft die für das Wohnen im Alter wichtige Frage auf: Mache ich es mir oder meinen Schutzbefohlenen schön und nehme dafür das „kleine“ Risiko in Kauf, umziehen zu müssen? Oder richte ich den letzten Abschnitt risikofrei ein? Das ist auch für Sie die Schlüsselfrage.

Fast alle Modelle proklamieren: „Ich biete dir ein humanes Umfeld, solange es geht.“ Das ist völlig in Ordnung, man darf nur nicht den Eindruck erwecken, als wäre „alles“ geregelt. Das muss man den alten Leuten ehrlich vermitteln.

CHECKLISTE

Welche Wohnform passt für Sie?

	Betreutes Wohnen	Seniorenwohnanlage, Altenwohnheim	Seniorenresidenzen	Betreutes Wohnen zu Hause	Alten-WG	Wohngemeinschaft für Jung und Alt	Pflegeheim	Altersheim
Sind Sie gern mit jungen Leuten zusammen?						x		
Sind Sie ein geselliger Typ?	x	x	x		x	x		x
Haben Sie gern Ihre Ruhe?	x	x	x	x				x
Lieben Sie Luxus?	x		x	x				
Führen Sie allein den Haushalt?	x	x	x	x	x	x		
Sind Sie Rollstuhlfahrer?	x		x				x	x
Benötigen Sie einen Rollator?	x	x	x	x	x	x		x
Leben Sie nur von der Rente?	x	x		x	x	x		x
Sind Ihre Kinder vor Ort?	x	x	x	x			x	x
Haben Sie einen eigenen Pkw?	x	x	x	x	x	x		x
Haben Sie Freunde am Ort?	x	x	x	x	x	x	x	x
Sind Sie ans Bett gefesselt?							x	
Bekommen Sie Pflegestufe I?	x		x	x			x	x
Bekommen Sie Pflegestufe II?	x		x				x	x
Bekommen Sie Pflegestufe III?							x	x
Können Sie sich allein anziehen?	x	x	x	x	x		x	x
Benutzen Sie den ÖPNV?	x	x	x	x	x		x	x

Die Sorge um unsere Eltern

Um sich dem ganzen System der Versorgung zu nähern, ist es sinnvoll, sich die Systematik zu vergegenwärtigen:

WICHTIG

In erster Linie ist jeder für sich verantwortlich, in zweiter für seine direkten Angehörigen. Versicherungen garantieren einen Anspruch auf Unterstützung in gesetzlich festgelegter (Pflegeversicherung) oder frei vereinbarter (Zusatzversicherung) Höhe. Die Sozialhilfe kann im Notfall beantragt werden. Sie hilft in unbegrenzter Höhe, kann aber selbst die Art und Weise der Unterstützung entscheiden.

Ältere Eltern, ältere Kinder

Ein salopper Spruch meint, die erste Hälfte des Lebens werde von den Eltern versaut, die zweite von den Kindern. Er ist etwas der Zeit hinterher. Heute müsste er für die „Sandwich-Generation“ heißen: das erste Drittel von den Eltern, das zweite von den Kindern, beim dritten sind die Eltern wieder dran. Hoffentlich gilt er nicht für Ihre Situation; wenn doch: Sie sind nicht allein.

Eltern werden teurer

Da die Eltern älter werden, werden sie auch teurer, für viele Familien tickt hier eine finanzielle Zeitbombe. 90-Jährige, die von 60-Jährigen unterhalten werden müssen, Kindern, die vor der Rente stehen: Der Staat nimmt die Kosten nicht ab, wenn sich die Pflege der eigenen Eltern in die Heime verlagert.

Grundsätzlich muss der Pflegebedürftige selbst die Kosten tragen. Unterstützen kann eine Leistung der Pflegeversicherung, deren Höhe sich an der Pflegestufe orientiert. Wie das aussieht, erfahren Sie später.

Problematisch wird es, wenn die finanziellen Mittel nicht ausreichen. Das Heim ist keine Sozialanstalt, es wird offene Kosten bei den unterhaltspflichtigen Angehörigen oder beim Sozialamt einfordern. Letzteres gibt vielleicht einen Zuschuss, wird aber seinerseits versuchen, sich bei den Kindern schadlos zu halten.

Wer zahlt dem Senior Unterhalt?

Verwandte ersten Grades, Kinder und Eltern, sind sich, so will es das Gesetz, gegenseitig zum Unterhalt verpflichtet. In § 1601 BGB steht: „Verwandte in gerader Linie sind verpflichtet, einander Unterhalt zu gewähren."

Der Anspruch geht in beide Richtungen, auch wenn für die ältere Generation bei Bedürftigkeit oft der Staat in Form der Gemeinde einspringt. Dann geht der Unterhaltsanspruch, den der Senior gegen seine Kinder hat, kraft Gesetzes auf das Sozialamt über, soweit dieses leistet.

Kinder sollen nicht ins Elend stürzen

Da der Staat allerdings nicht will, dass die Kinder aufgrund ihres Unterhalts selbst ins Elend stürzen, verzichtet er oft auf eine hundertprozentige Erstattung. Auch hat das Kind einen Freibetrag, an den das Sozialamt nicht herankommt, den sogenannten Selbstbehalt in Höhe von 1250 Euro im Monat für sich und 950 Euro für den Ehepartner. Auch sind eigene Kinder bevorrechtigt. Einige Kosten können zudem herausgerechnet werden, wie die Beiträge zur Altersvorsorge, Versicherungsbeiträge und Ratenkredite. Im Ergebnis ist also der Anspruch „nach unten" gegen die Kinder schwächer als der „nach oben".

GUT ZU WISSEN

Der angemessene monatliche Selbstbehalt des Unterhaltspflichtigen gegenüber seinen Eltern beträgt mindestens:

1. wenn der Unterhaltspflichtige erwerbstätig ist: 1.300 Euro (neue Bundesländer) beziehungsweise 1.400 Euro (alte Bundesländer)
2. wenn der Unterhaltspflichtige nicht erwerbstätig ist: 1.190 Euro (neue Bundesländer) beziehungsweise 1.400 Euro (alte Bundesländer)

zuzüglich der Hälfte des darüber hinausgehenden Einkommens.

Der angemessene monatliche Selbstbehalt des Unterhaltspflichtigen gegenüber der Mutter oder dem Vater i.S.v. § 1615 I BGB (das heißt bei Nichtehelichkeit) beträgt mindestens:

1. wenn der Unterhaltspflichtige erwerbstätig ist: 915 Euro (neue Bundesländer), beziehungsweise 995 Euro (alte Bundesländer)
2. wenn der Unterhaltspflichtige nicht erwerbstätig ist: 805 Euro (neue Bundesländer), beziehungsweise 935 Euro (alte Bundesländer).

Aber aufgrund leerer Kassen verschärfen die Ämter aktuell den Kurs, unterstützt von der Rechtsprechung. Früher wurde nur der Sohn in Anspruch genommen, inzwischen auch die Tochter. Das Ergebnis: Mittlerweile dürfen sogar Schwiegerkinder indirekt mit dem Unterhalt für die Schwiegereltern belastet werden, da sie ihren Ehepartnern gegenüber unterhaltspflichtig sind. Und das Vermögen ist auch nicht sicher. Dass sich daher Kinder künstlich arm machen, um sich vor den oft horrenden Pflegekosten für ihre Eltern zu retten, passiert tagtäglich und beschäftigt häufig die Sozialgerichte.

ACHTUNG

Nach § 1601 BGB müssen Kinder bedürftiger Eltern anteilig und nach ihren Erwerbs- und Vermögensverhältnissen für deren ungedeckte Kosten aufkommen. Ausgangspunkt für die Berechnung ist zunächst das persönliche Einkommen des Unterhaltspflichtigen. Im Rahmen des Elternunterhalts muss der Unterhaltsschuldner, so das Bundesverfassungsgericht (XII ZR 98/04), den Stamm seines Vermögens einsetzen. Einschränkungen ergeben sich daraus, dass nach § 1603 Abs. 1 BGB sonstige Verpflichtungen des Unterhaltsschuldners zu berücksichtigen sind und er seinen eigenen angemessenen Unterhalt einschließlich einer angemessenen Altersvorsorge nicht zu gefährden braucht (im Anschluss an das Senatsurteil vom 21. April 2004 – XII ZR 326/01 – FamRZ 2004, 1184).

Eine wichtige Treppe: Pflegestufen

Pflegeversicherung

Wenn Sie wegen Krankheit oder Behinderung für die gewöhnlichen und regelmäßig wiederkehrenden Tätigkeiten im täglichen Leben Hilfe brauchen – und dies für voraussichtlich mindestens die nächsten sechs Monate –, steht auf Antrag die Hilfe der Pflegeversicherung parat, egal ob Sie reich oder arm sind.

Alle sind pflegeversichert

Zur Unterstützung Bedürftiger wurden durch Gesetz Pflegestufen, Pflegekasse und Pflegeversicherung eingeführt. Die Pflegeversicherung ist eine umlagefinanzierte Pflichtversicherung im Rahmen des deutschen Sozialversicherungssystems. Sie wurde zum 1. Januar 1995 mit dem Sozialgesetzbuch (SGB XI) eingeführt. Alle gesetzlich krankenversicherten Personen wurden in die soziale Pflegeversicherung aufgenommen. Dort nicht Versicherte können freiwillig in die Pflegeversicherung aufgenommen werden (§ 6a SGB XI). Alle Vollversicherten einer privaten Krankenversicherung wurden Mitglieder der privaten Pflegeversicherung. Damit wurde erstmals ein Versicherungsschutz für praktisch die gesamte Bevölkerung eingeführt. Wenn Sie nicht wissen, ob und wie Sie versichert sind, sprechen Sie Ihre Krankenkasse an. Sie weiß es. Und je nach Pflegestufe gibt es monatliche Zahlungen.

Wenn Sie also noch keine Pflegestufe haben, ist die Beantragung eine Überlegung wert. Denn das Geld, das Sie möglicherweise bekommen, ist weder Gnade noch Kredit, es steht Ihnen zu. Am besten führen Sie ein Gespräch mit Ihrem Arzt und diskutieren mit ihm die Chancen, die Ihr Antrag hat. Zumeist beginnt man mit der Pflegestufe I.

Weder Gnade noch Kredit

Die Einstufung muss bei der zuständigen Kasse beantragt werden. Ist dies die gesetzliche (soziale) Pflegekasse, beauftragt sie den Medizinischen Dienst (MDK) mit der Prüfung des Antrags. Die private Pflegekasse beauftragt die Firma Medicproof. Das Verfahren ist in beiden Fällen gleich. Im MDK sind Ärzte und Pflegekräfte tätig, die in der Regel Hausbesuche durchführen, um neben dem gesundheitlichen Zustand auch die Pflegesituation vor Ort einschätzen zu können. Das bedeutet, dass das Urteil Ihres Hausarztes: „Mein Patient benötigt die Pflegestufe I" für die Zubilligung einer Pflegestufe nicht genügt.

Urteil des Hausarztes genügt nicht

Ohne Gutachten keine Einstufung

Bei der Begutachtung wird festgestellt, welche Verrichtungen im Bereich der Körperpflege, der Ernährung, der Mobilität und der hauswirtschaftlichen Versorgung nicht mehr eigenständig von Ihnen oder von der Person, um die Sie sich kümmern, erbracht werden können. Erfasst werden allerdings nur die regelmäßigen und täglich wiederkehrenden konkreten Verrichtungen. Dazu gehören zum Beispiel das Waschen, das Duschen, das Zähneputzen, das Kämmen, das Rasieren und der Gang zur Toilette. Im Bereich der Mobilität zählen hierzu u.a. das Aufstehen und das Zubettgehen, das An- und Auskleiden. Im Haushalt erstreckt sich die Ermittlung des Hilfebedarfs auf Tätigkeiten der Haushaltsführung (Kochen, Spülen, Waschen, Putzen und Heizen der Wohnung).

WICHTIG

§ 15 SGB XI Stufen der Pflegebedürftigkeit

Pflegebedürftige der Pflegestufe I (erheblich Pflegebedürftige) sind Personen, die bei der Körperpflege, der Ernährung oder der Mobilität für wenigstens zwei Verrichtungen aus einem oder mehreren Bereichen mindestens einmal täglich der Hilfe bedürfen und zusätzlich mehrfach in der Woche Hilfe bei der hauswirtschaftlichen Versorgung benötigen.
Pflegebedürftige der Pflegestufe II (Schwerpflegebedürftige) sind Personen, die bei der Körperpflege, der Ernährung oder der Mobilität mindestens dreimal täglich zu verschiedenen Tageszeiten der Hilfe bedürfen und zusätzlich mehrfach in der Woche Hilfe bei der hauswirtschaftlichen Versorgung benötigen.
Pflegebedürftige der Pflegestufe III (Schwerstpflegebedürftige) sind Personen, die bei der Körperpflege, der Ernährung oder der Mobilität täglich rund um die Uhr, auch nachts, der Hilfe bedürfen und zusätzlich mehrfach in der Woche Hilfe bei der hauswirtschaftlichen Versorgung benötigen.

Es gibt oft fehlerhafte Einstufungen, weil die Senioren auf die Befragung durch den MDK nicht richtig vorbereitet sind. Es empfiehlt sich, vor dem Termin etwa vier Wochen lang ein Tagebuch zu führen. Tragen Sie dort nicht ein, wie lange man für den Senior täglich im Einsatz war, sondern was gemacht werden muss.

In Paragraph 15 SGB XI (soziale Pflegeversicherung) ist zwar eine zeitliche Regelung enthalten – so muss der nicht ausgebildete Angehörige täglich durchschnittlich 90 Minuten (Pflegestufe I), drei Stunden (Pflegestufe II), fünf Stunden (Pflegestufe III) aufwenden – die Feststellung der Zeit allein bringt aber nichts. Der Angehörige benötigt vielleicht wirklich eine Stunde für Waschen, Zähneputzen und Ankleiden, wofür eine Fachkraft 15 Minuten braucht, der MDK wird sich aber mit diesen Angaben nicht zufrieden geben: Erst wer mehr als 90 Minuten täglich Pflege benötigt, ist hilfsbedürftig. So lautet die Eintrittskarte für Leistungen der Pflegekasse. Wird dies nicht erreicht, ist man Pflegestufe null. Und wenn man dennoch Hilfe braucht? Das ist dem Arzt der MDK egal, denn dann hilft – vielleicht – das Sozialamt, aber nicht die Pflegekasse.

Hilfsbedürftig

Die Pflegekassen sind klamm wie alle Kassen. Darum will der MDK es genau wissen. Wenn es eine mehrwöchige Aufzeichnung gibt, kann die richtige Pflegestufe besser eingeschätzt werden. Eine gute Vorbereitung schützt auch davor, wichtige Punkte zu vergessen. Aufgrund des Gutachtens des MDK entscheidet die Pflegekasse und setzt eine der Pflegestufen fest. Und danach richten sich die Zahlungen, die durch die Pflegeversicherung geleistet werden. Oder die Pflegekasse verweigert die Festsetzung einer Pflegestufe.

Widerspruchsrecht

Gegen den Bescheid der Pflegekasse haben Sie ein Widerspruchsrecht.

TIPP

Damit sich der Gutachter ein zutreffendes Bild von Ihrer Situation machen kann, sollten Sie sich sorgfältig auf den Besuchstermin vorbereiten. Zu diesem Zweck können Sie auch ein übersichtliches Pflegetagebuch bei der Pflegekasse anfordern, in das Sie vier Wochen lang genau eingetragen, wie die Pflege bisher aussieht. Die Rubriken und Spalten für die wichtigen Tätigkeiten sind bereits vorgedruckt. Diese Aufzeichnungen geben Ihnen Sicherheit für das Gespräch: Sie sind auf Fragen vorbereitet und haben bereits Angaben für die Beantwortung parat. „Also gestern", können Sie beispielsweise sagen, „hat sich unser Vater nicht alleine aus dem Bett erheben können." Bei so genau dokumentierten Angaben bleibt wenig Raum für Zweifel. Und Sie sind sicher, dass Sie in der für Sie ungewohnten Begutachtungssituation nichts vergessen.

Was Sie unbedingt vermeiden müssen, ist eine Befragung ohne Zeugen. Das passiert häufig, wenn die Heime neue Gäste rasch einstufen wollen. Dann kommt der MDK mit Suggestivfragen wie: „Es geht Ihnen doch gut?" „Sie wollen doch rasch nach Hause?" „Sie können doch allein aufstehen?" Das sind Fragen, auf die verunsicherte Senioren mit einem leisen „Ja" zu antworten pflegen. Die Folge: keine Einstufung und keine finanzielle Unterstützung.

Zeugen

Was tun bei falscher Einstufung?

Selbst wenn Sie sich sorgfältig auf die Begutachtung vorbereitet haben, heißt das nicht, dass die Entscheidung der Pflegekasse aufgrund des Gutachtens des MDK richtig ist.

Wird der Antrag auf Leistungen abgelehnt, weil etwa die Pflegebedürftigkeit als nicht erheblich angesehen wird (Pflegestufe null), oder werden Leistungen nur in einem geringeren Umfang bewilligt, weil etwa nur Pflegestufe II statt Stufe III festgestellt wird, so können Sie gegen die Entscheidung der Pflegekasse Widerspruch erheben, nicht aber gegen das Gutachten des MDK. Der Widerspruch muss innerhalb eines Monats erhoben werden. Die Frist beginnt mit dem Zugang des Bescheides. Der Widerspruch muss schriftlich oder mündlich zu Protokoll gegeben werden.

Der Widerspruch ist auch dann wirksam, dass heißt fristunterbrechend erhoben, wenn er nicht begründet ist. Die Begründung kann nach Ablauf der Widerspruchsfrist nachgereicht werden. Zur Begründung sollte man fachlichen Rat einholen.

Mit Ihrem Widerspruch geben Sie der Kasse die Möglichkeit, ihre Entscheidung zu korrigieren. Tut sie das nicht,

„hilft sie nicht ab", wie es heißt, öffnet sich der Weg zu den Sozialgerichten, § 51 Sozialgerichtsgesetz, bis hin zum Bundessozialgericht in Kassel.

Welche Stufe bei Demenz?

Gerade bei Alzheimer-Erkrankung ist die Einstufung oft problematisch, da sich diese sehr an körperlichen Einschränkungen orientiert. Viele Kranke wirken körperlich gesund, wodurch es leicht zur Unterschätzung des Hilfebedarfs kommt.

Daher wird gelegentlich gesagt, dass für die Zuweisung einer Pflegestufe eine Demenz nicht anerkannt wird. Doch die Aussage, Demenz sei kein Grund für die Bewilligung einer Pflegestufe, ist falsch. Maßgebend ist auch hier der konkrete Pflegeaufwand. Der Pflegeaufwand bei Menschen mit Demenz zeigt sich an ihrem Wohlbefinden. Mit DCM, Dementia Care Mapping, wird das Wohlbefinden der Patienten gemessen, um dadurch Rückschlüsse auf Pflegeerfordernis und -qualität zu gewinnen.

Da bei Demenzkranken sich der Pflegeaufwand zumeist kontinuierlich erhöht, kann dem durch eine höhere Pflegestufe Rechnung getragen werden. Für Härtefälle, etwa bei fortgeschrittener Demenz, gibt es eine Zusatzleistung von 460 Euro.

Die Leistungen der Pflegekasse

Die Prinzipien der Pflegekassen

Das Leistungssystem der Pflegekassen wird von mehreren Prinzipien beherrscht. Das erste ist der Vorrang der häuslichen Pflege (§ 3 SGB XI). Der Bedürftige soll möglichst lange zu Hause bleiben, für seine Pflege sollen Verwandte und Nachbarn ertüchtigt werden. Doch für die häusliche Pflege gibt es weniger Geld als für die stationäre.

Das zweite Prinzip betrifft die Art der Leistung. Es gibt Dienst-, Sach- und Geldleistungen. Ihr Ausmaß hängt davon ab, welche Leistungen in Anspruch genommen werden. Bei häuslicher und teilstationärer Pflege geht es um eine „Ergänzung", daher gibt es weniger, bei (teil-)stationärer geht es um eine „Entlastung" der Bedürftigen.

Pauschale Kostenübernahme

Daraus ergibt sich das dritte Prinzip: Eine pauschale Kostenübernahme gibt es nicht, „Wirtschaftlichkeit" und „Effizienz" stehen im Vordergrund (§ 4 SGB XI).

Wenn Angehörige helfen

Häusliche Pflege

Bedürftige können Fachkräfte anheuern, die mit der Pflegekasse einen Versorgungsvertrag abgeschlossen haben. Das nennt das Gesetz (§ 36 SGB XI) „häusliche Pflegehilfe". Im Jahr 2003 entschieden sich etwa zwei Drittel der Leistungsempfänger für die ambulante häusliche Pflege durch entsprechende Dienstleister.

Sie können aber auch Personen einsetzen, die keinen Vertrag mit der Pflegekasse haben. Für die häusliche Pflege durch selbst beschaffte Pflegepersonen werden dem Pflegebedürftigen „Geldleistungen" gewährt, die steuerfrei aufs Konto gezahlt werden. Das können auch Angehörige sein. Es ist Ihre Entscheidung. Voraussetzung ist, dass damit die erforderliche Grundversorgung und hauswirtschaftliche Versorgung sichergestellt wird. Das müssen Sie im Antrag darlegen. Dem Enkel einen Computer kaufen zu wollen, genügt nicht.

Die monatlichen Geldsätze betragen:

- in Pflegestufe I: 205 Euro
- in Pflegestufe II: 410 Euro
- in Pflegestufe III: 665 Euro

Vorsicht: Kontrollbesuche

Es können auch Geldleistungen mit Pflegesachleistungen kombiniert werden. Aber Vorsicht: Wer Pflegegeld bekommt, muss – je nach Pflegestufe viertel- oder halbjährlich – Pflegekontrollbesuche anfordern: Ein anerkannter Pflegedienst macht dann einen Hausbesuch und schreibt einen Bericht für die Pflegekasse über den Zustand des Pflegeabhängigen. Wer diese Hausbesuche nicht pünktlich organisiert, bekommt schnell zu spüren, dass die Pflegekasse keinen Spaß versteht: Erst droht sie mit Kürzung des Pflegegeldes, in der zweiten Stufe wird die Zahlung eingestellt.

Personen, die mit dem Pflegegeld bezahlt werden, haben jedoch einen Anspruch darauf, dass die Pflegeversicherung für sie Beiträge bei der Deutschen Rentenversicherung einzahlt. Voraussetzung ist, dass diese Pflegeperson regelmäßig nicht mehr als 30 Stunden wöchentlich erwerbstätig ist und den Bedürftigen wenigstens 14 Stunden wöchentlich in seiner häuslichen Umgebung pflegt.

Die „häusliche Hilfe" – wenn Dienste zu bezahlen sind

Pflegesachleistungen sind die Honorare, die von der Pflegekasse direkt an die Fachkräfte mit Versorgungsverträgen gezahlt werden. Das sind in aller Regel die ambulanten Pflegedienste, es können aber auch Einzelpersonen sein. Voraussetzung ist, dass die Leistungen nicht in einer stationären Pflegeeinrichtung erbracht werden, also im Regelfall zu Hause.

Die Pflegesachleistungen betragen:

- in Pflegestufe I: 384 Euro
- in Pflegestufe II: 921 Euro
- in Pflegestufe III: 1.432 Euro

In Ausnahmefällen können in der Pflegestufe III bis 1.918 Euro gezahlt werden.

Zahlt die Krankenkasse?

In der Theorie ist Krankheit etwas komplett anderes als Pflege. Werden Sie krank, zahlt wie gehabt Ihre Krankenversicherung. Dazu zählt in engem Rahmen auch die Verhinderung von Krankheit, die Prävention. Das ist in SGB V – gesetzliche Krankenversicherung – geregelt. Doch die Grenze zur Pflege ist fließend. Dramatisch kann es im Krankenhaus werden, wenn der Befund lautet: Dauerpflege. Denn das bedeutet Verlassen des Krankenhauses, Aufnahme in einem Pflegeheim. Im ambulanten oder häuslichen Bereich (§ 37 SGB V) zahlt die Krankenkasse, wenn eine Verordnung des Arztes vorliegt. Wenn aber etwa nur Verbände gewechselt werden müssen, sieht sich die Krankenkasse nicht in der Pflicht.

Dauerpflege

Das Pflege-Weiterentwicklungsgesetz

Mitte Oktober 2007 hat sich das Bundeskabinett zu einer Reform des mehr als zehn Jahre alten Bundessozialhilfegesetzes entschlossen und das Pflege-Weiterentwicklungsgesetz auf den Weg gebracht. In Kapitel 7 dieses Ratgebers finden Sie die ausführliche Darstellung. Wichtigstes Ergebnis ist, dass die seit Einführung der Pflegeversicherung unveränderten Beträge für Pflegesachleistungen und Pflegegelder angehoben und ab 2015 regelmäßig dynamisiert werden sollen. Daneben soll die Pflegeversicherung besser auf die Bedürfnisse und Wünsche der Pflegebedürftigen sowie ihrer Angehörigen ausgerichtet werden, unter anderem mit einem Anspruch auf Pflegeberatung (Fallmanagement) und Schaffung von Pflegestützpunkten als Anlaufstellen für Pflegebedürftige und deren Angehörige.

Pflegesachleistungen und Pflegegelder

Was zu Hause gilt, gilt nicht im Heim

Ob nach altem oder neuem Recht. Im Heim wird es noch komplizierter: Denn mit dem, was Ihnen oder dem Pflegedienst die Pflegekasse zahlt, können Sie sich vielleicht zu Hause helfen, eine Unterkunft woanders (dazu später) können Sie damit nicht bestreiten. Hier müssen Sie, wenn es sich nicht um betreutes Wohnen handelt (siehe Kapitel 5), Pflegesätze aufbringen. Der Pflegesatz einer Einrichtung entspricht den gesamten Heimkosten, die ein Heimbewohner für seine Unterbringung und Versorgung zu bezahlen hat.

Das Gesetz (SGB XI) regelt in seinem Paragraphen 82 die Finanzierung der Pflegeeinrichtungen und der Pflegedienste, nicht Ihre Kosten. Sie können im Umkehrschluss aber ermitteln, was nicht finanziert wird. Das ist das, was Sie selbst zu tragen haben.

Ein Heim bekommt eine allgemeine Pflegevergütung nach § 82 Abs. 1 Nr. 1 SGB XI. Sie umfasst die Sach- und die Personalkosten für die Pflege:

- Ein angemessenes Entgelt für Unterkunft und Verpflegung, sogenannte „Hotelkosten" nach § 82 Abs. 1 Nr. 2 SGB XI bei stationärer Pflege
- Investitionskosten nach § 82 Abs. 2 Nr. 1 und Abs. 3–4 SGB XI
- Besondere Komfortleistungen für Unterkunft und Verpflegung nach § 88 Abs. 1 Nr. 1 SGB XI
- Zusätzliche pflegerisch-betreuende Leistungen nach § 88 Abs. 1 Nr. 2 SGB XI.

Wer zahlt Heim?

Die Sie interessierende Frage ist nun: Von wem bekommt das Heim sein Geld? Dies ist in § 82 Abs. 1 geregelt: Die Pflegevergütung zahlt der Bedürftige oder sein Kostenträger. Für Unterkunft und Verpflegung hat der Bedürftige selbst aufzukommen. Die Investitionskosten zahlt der Bedürftige, soweit es keine öffentlichen Zuschüsse oder Landesregelungen gibt. Die besonderen Komfortleistungen bei Unterkunft, Verpflegung und Betreuung können Ihnen nur in Rechnung gestellt werden, wenn Sie das vorher vereinbart haben und sie nicht Teil der notwendigen Leistungen sind. Doppeltes Abkassieren ist vom Gesetzgeber nicht gewünscht. Hier ist die Pflegeversicherung ausnahmsweise zu einem Zuschuss bereit. Sie trägt bei nachgewiesenem erheblich erhöhtem Bedarf an pflegerischer und an hauswirtschaftlicher Versorgung von mehr als sechs Monaten Dauer einen Kostenanteil der häuslichen beziehungsweise der stationären Pflege.

Komfortleistungen nur bei Vereinbarung

Die anderen Vergütungen genauer: Die Pflegevergütung wird von der Pflegekasse, das ist die, die das Geld der

Pflegeversicherung ausschüttet, mit einer Pauschale bezuschusst. Diese beträgt (monatlich):

- für Pflegestufe I: 1.023 Euro = täglich 34,10 Euro
- für Pflegestufe II: 1.279 Euro = täglich 42,63 Euro
- für Pflegestufe III: 1.432 Euro = täglich 47,73 Euro
- für Pflegestufe III in Härtefällen bis zu 1.687 Euro = täglich 56,23 Euro

Das war's. Der Rest bleibt bei Ihnen.

Die („Hotel"-)Kosten für Unterkunft und Verpflegung umfassen die Kosten für die Wohnraummiete, Energiekosten, Ernährung, Reinigung (Sach- und Personalkosten). Sie sind vollständig vom Bewohner der stationären Einrichtung zu begleichen. Sie werden durch seine Einkünfte erbracht. Reichen diese nicht aus, tritt der Sozialhilfeträger im Rahmen der Hilfe zur Pflege ein. Der Sozialhilfeträger ist in aller Regel die Kommune. Und das ist diejenige, die, wie oben dargestellt, dann bei den Kindern wegen Erstattung anklopft.

Investitionskosten

Der Investitionskostenanteil am Pflegesatz umfasst die Kosten für die Instandhaltung und Werterhaltung der Pflegeeinrichtung. Sie sind vom Bewohner zu übernehmen, sofern die Pflegeeinrichtung nicht gefördert wird. Ist der Bewohner auf finanzielle Hilfe angewiesen, übernimmt der Sozialhilfeträger die Investitionskosten als sogenanntes Pflegewohngeld nach dem Wohngeldgesetz (WoGG) auf Antrag.

Damit sind die finanziellen Unterstützungen, mit denen Sie (eventuell) rechnen können, dargestellt. Daneben gibt es im Sozialfall das übliche Wohngeld für Wohnungsmieten nach § 26 SGB I. Dies wird beim betreuten Wohnen relevant.

CHECKLISTE

Übersicht Pflegeleistungen

1. Das zahlen die (sozialen und privaten) Pflegekassen

a) Voraussetzung: Einstufung in Pflegestufen I bis III

b) Häusliche Pflege

- Entweder „zur Ergänzung"; Sachleistungen direkt an „häusliche Pflegehilfe"
  Pflegesachleistungen – monatlich:
  * in Pflegestufe I: 384 € (neu 420 €)
  * in Pflegestufe II: 921 € (neu 980 €)
  * in Pflegestufe III: 1.432 € (neu 1.470 €).
  In Ausnahmefällen können in der Pflegestufe III bis 1.918 € gezahlt werden.
- Oder Geldleistungen an den Pflegebedürftigen für Sicherstellung der Versorgung
  Die monatlichen Geldsätze betragen:
  * in Pflegestufe I: 205 € (neu 215 €)
  * in Pflegestufe II: 410 € (neu 420 €)
  * in Pflegestufe III: 665 € (neu 675 €)

c) Teilstationäre Pflege
„zur Entlastung", Sätze wie Pflegesachleistung

d) Stationäre Pflege
„zur Entlastung", d.h. keine Kostenübernahme

- Allgemeine Pflegevergütung (monatlich):
  * für Pflegestufe I: 1.023 € = täglich 34,10 €
  * für Pflegestufe II: 1.279 € = täglich 42,63 € (neu 1.470 €)
  * für Pflegestufe III: 1.432 € = täglich 47,73 € (neu 1.750 €)
  * für Pflegestufe III: in Härtefällen bis zu 1.687 € = täglich 56,23 €
- Unterkunft und Verpflegung, „Hotelkosten"
  0,00 €, evtl. Sozialamt („Wohngeld")
- Investitionskosten
  0,00 €, evtl. Bundesländer, evtl. Sozialamt („Pflegewohngeld")
- besondere Komfortleistungen
  0,00 €

- zusätzliche pflegerisch-betreuende Leistungen
  Kostenanteil

e) Pflegehilfsmittel
Erleichterung der Pflege, Linderung der Beschwerden, Ermöglichung einer selbstständigeren Lebensführung, soweit nicht von anderen Leistungsträgern zu zahlen (§ 40 Abs. 1 SGB XI).

2. Das zahlt die Krankenkasse:

a) Auch im Alter, im Status eines Rentners oder Pensionärs, läuft Ihre Krankenversicherung. Diese zahlt im üblichen Rahmen, ohne oder mit Pflegestufe. Voraussetzung: Krankheit, Behandlung oder Prävention plus Verordnung des Arztes

b) Hilfsmittel nach Verzeichnis (§ 139 SGB V). Diese sind vorrangig bei der Krankenkasse in Anspruch zu nehmen. Das Verzeichnis ist aber nicht abschließend. Die Spitzenverbände der Pflegekassen haben ihrerseits ein Pflegehilfsmittelverzeichnis erstellt (§ 78 Abs. 2 Satz 2 SGB XI), das aber auch nicht abschließend ist. Wie Sie sehen, kann die Versorgung mit Hilfsmitteln flexibel gehandhabt werden, irritierend ist nur, wer zahlt.

3. Das zahlen Rentenversicherungsträger und Unfallversicherungen:

a) Rehabilitation „vor" Pflege
Von der Logik her soll die Rehabilitation eine Pflege verhindern. Wer also mit einer Behinderung zu kämpfen hat, kann bei seinem Rehabilitationsträger Hilfe beantragen, um den Weg zu einem normalen Leben, das meint die gleichberechtigte Teilhabe am sozialen Leben, zu finden. Rehabilitationsträger sind nicht die Pflegekassen, sondern Unfallversicherungen, Krankenkassen, Rentenversicherungs- und Sozialhilfeträger. Allerdings kann die Pflegekasse, wenn Pflegebedürftigkeit festgestellt ist, nicht sagen, sie zahle nicht, weil dies eine Maßnahme der Rehabilitation sei. Eventuelle Streitfälle sollen nicht auf Ihrem Rücken ausgetragen werden.

b) Absicherung für pflegende Angehörige
Die soziale Absicherung der Pflegeperson (§ 19 SGB XI) geht davon aus, dass diese nicht erwerbsmäßig (im Gegensatz zur „Pflegekraft") in häuslicher Umgebung des Pflegebedürftigen aktiv wird. Ihr soll ein Urlaub von der Pflege

ermöglicht werden, sie soll sozial abgesichert sein, und Hilfsmittel können auch dazu dienen, ihr die Arbeit leichter zu machen.

4. Das zahlt die Sozialhilfe:

a) Voraussetzung: Bedürftigkeit
Da die Sozialhilfe mit Steuermitteln bestritten wird, muss sie (im Prinzip) sparsam eingesetzt werden. Das bedeutet, dass sie nur diejenigen bekommen, die nicht mindestens drei Stunden täglich arbeiten können und kein Vermögen haben (§ 2 Abs. 1 SGB XII).

b) Prinzipien: Nachrangigkeit und Bedarfsdeckung
Zusätzlich darf kein anderer Leistungsträger zuständig sein. Und es gibt nur das Nötigste, eben das, was der „Würde des Menschen entspricht" (§ 1 S. 1 SGB XII).

Wie Kinder mit ihren Eltern eine gemeinsame Lösung finden

Eine private Pflegezusatzversicherung hilft

Einen Königsweg, die Lasten der Betreuung der Eltern zu tragen, gibt es nicht, aber das heißt nicht, dass Sie die Augen verschließen und hoffen müssten, das Problem möge sich doch bitte von selbst lösen. Sinnvoll ist es, diesen Problemen mit einer Zusatzpflegeversicherung die Schärfe zu nehmen. Die seit 1995 bestehende, oben bereits beschriebene gesetzliche (soziale) Pflegeversicherung sorgt dafür, dass in drei Stufen, je nach Pflegebedürftigkeit, im Falle eines Falles eine Grundversorgung vorgenommen wird.

Doch die reicht häufig nicht aus. Und in Zukunft wird der Unterschied zwischen Grundversorgung und tatsächlich entstehenden Kosten eher noch zunehmen. Wenn Sie sich für eine Zusatzpflegeversicherung entscheiden, sind Sie wahrscheinlich nicht auf Sozialhilfe oder die Zuwendungen der Kinder angewiesen.

Lebensversicherungsgesellschaften und Krankenversicherer bieten im Prinzip folgende Lösungen an:

1. Pflegetagegeldversicherung
2. Pflegekostenversicherung
3. Pflegezusatzrentenversicherung

Damit soll der gesetzliche Versicherungsschutz ergänzt werden. Auf folgende Punkte sollten Sie bei Vertragsabschluss achten:

1. Tarife, bei denen in der ersten Pflegestufe nichts gezahlt wird, sind nicht empfehlenswert. Schließlich ist fast jeder Zweite in der Pflegestufe I eingruppiert.
2. Die Tarife sollten variabel sein, damit sie den steigenden Pflegekosten angepasst werden.
3. Wird die Pflegebedürftigkeit anerkannt, sollte der Versicherer sofort zahlen.
4. Der Pflegebedürftige sollte nicht zusätzliche ärztliche Atteste vorlegen müssen.

Übrigens: Frauen zahlen wesentlich mehr in die Versicherung als Männer. Das hat zwei Gründe: Frauen leben länger und werden in der vergleichbaren Altersgruppe eher zum Pflegefall.

Pflegekosten nur für Fachkräfte

Pflegekostentarife sind vor allem etwas für Menschen, die davon ausgehen, dass sie später keine Pflege von Angehörigen oder Freunden erhalten. Denn diese Pflegekostentarife kommen nur für die Pflege durch Fachkräfte auf.

Pflegetagegeldtarife und Pflegezusatzrenten orientieren sich an der Pflegestufe. Über die monatliche Auszahlung kann der Versicherte frei verfügen.

Generell gilt: Wer schon in jungen Jahren einen Vertrag abschließt, zahlt niedrigere Monatsbeiträge. Die Beitragssätze können durch Vorerkrankungen erheblich ansteigen. Diese müssen bei Vertragsabschluss angegeben werden.

Die Anbieter haben unterschiedliche Bedingungen mit vielen Varianten im Angebot. Deshalb ist es sinnvoll, sich ein individuelles Angebot erstellen zu lassen.

WICHTIG

Sollte der Versicherte versterben, ohne jemals zum Pflegefall geworden zu sein, sind die eingezahlten Beiträge verloren.

Beitragsschutz

Eine Auszahlung für Hinterbliebene gibt es nur, wenn ein Beitragsschutz abgeschlossen werden kann. Das ist bei einem Versicherungsmodell für eine Pflegerente mit Einmalzahlung bekannt. Der Beitragsschutz stellt sicher, dass das eingezahlte Geld zumindest zum Teil zurückgezahlt wird, wenn der Versicherte stirbt. Ist das im ersten Jahr nach Vertragsschluss der Fall, wird die gesamte Einmalleistung erstattet. Danach wird die Rückzahlungssumme jedes Jahr ein bisschen geringer, bis sie irgendwann gegen null geht. Aber bei diesem Versicherungsmodell wird nur in voller Höhe bezahlt, wenn Pflegestufe III festgestellt wird. Bei Pflegestufe II gibt es nur noch 50 Prozent der vereinbarten Rente, bei Pflegestufe I gar nichts.

Natürlich sind solche Versicherungen kein Muss. Wer aber bei Pflegebedürftigkeit die hohen Kosten zum Teil abdecken will, kann brauchbare Lösung finden.

Wie so oft ist eine Lösung im Einklang mit allen Beteiligten anzustreben. Das setzt voraus, dass Sie ein Gespräch suchen, in dem jeder seine Position und Interessen offen auf den Tisch legen kann. Der Vater will Sicherheit und Geborgenheit, der Sohn will seine wirtschaftlichen Möglichkeiten primär für sich und seine Familie einsetzen, nicht für die Altenpflege. Aber er will auch, dass der Vater nicht sein eigenes Vermögen für sich verbraucht, dass also das Erbe für Betreuungskosten aufgezehrt wird.

Konflikte

Da spielen sich oft emotional aufgeladene Konflikte ab. „Du willst mich nicht, aber mein Geld“, hat schon mancher Vater zu seinem Kind gesagt. Wenn es Ihnen gelingt, derartige Verletzungen zu vermeiden, kann man Ihnen gratulieren.

Der Wohnungskauf für beide

Es gibt – neben der privaten Zusatzversicherung – einen Ausweg aus diesem Konflikt, wenn Sie oder Ihre Kinder den nötigen finanziellen Spielraum haben. Gemeinsam können Sie eine Wohnung in einer Wohnanlage des betreuten Wohnens kaufen. Diese wird am besten auf eines der Kinder verbrieft und an den Senior vermietet. Damit ist auch für den Pflegefall vorgesorgt, denn Sie kaufen nur bei einer Wohnanlage, in der auch für die Pflege vorgesorgt ist. Dazu später.

Das Geld für die Wohnung ist nicht verloren, weil die Wohnung später als Mietobjekt oder vom Eigentümer selbst genutzt werden kann. Dieser wird ja auch mal alt. Und wenn das Geld für die Wohnung von dem Senior stammt, ist dies steuertechnisch eine Schenkung, die für diesen Betrag die Erbfolge vorwegnimmt.

Eine lukrative Nische tut sich auf

Dieses Modell hat viele Vorteile. Es wird „kein Geld für den Alten verschwendet", wie es oft hinter vorgehaltener Hand heißt, wenn erhebliche Beträge für einen Heimaufenthalt zu zahlen sind. Und nicht nur eine Generation ist abgesichert, sondern mindestens zwei. Und ein Renditeobjekt kann es auch sein, wenn die Familie kein Interesse daran hat, es weiter selbst zu nutzen. Sie müssen es einfach zur Sprache bringen. Deswegen ist auch plötzlich die Immobilienwirtschaft voller Interesse für dieses Modell: Bauträger, Investoren Banken. Früher hat man gelächelt. Heute ist seniorengerechtes Wohnen, also betreutes Wohnen, die lukrative Nische überhaupt. Doch das Modell des betreuten Wohnens weckt nicht nur Erwartungen in Bezug auf eine Rendite, die es sonst nicht mehr auf dem Immobilienmarkt gibt, es vermittelt auch das gute Gefühl, etwas Sinnvolles zu bauen. Alfred Huber von der Immobilienvermittlungs-GmbH der Sparkassen Bayerns berichtet, dass die LBS „in den letzten sechs Jahren über 1700 Einheiten im betreuten Wohnen für die Sparkassen in Bayern vermittelt hat mit einem Gesamtvolumen von 220 Millionen Euro, allein im Jahr 2005 waren das 550 Einheiten mit einem Wert von 52 Millionen". Seniorengerechtes Wohnen habe inzwischen einen festen Platz, „und das ohne besondere Anstrengungen, denn der Bedarf ist überall da". Heute werden im betreuten Wohnen bereits etwa 30 Prozent der Wohnungen für die Eltern gekauft, 40 Prozent sind Selbstnutzer und 30 Prozent Investoren.

Zwei Generation abgesichert

KAPITEL 2

Die beliebteste Lösung – Wohnen zu Hause

Home sweet home. Oder doch nicht?

Das ist doch klar. Wie die meisten würden auch Sie am liebsten an Ihrem Wohnort und an Ihrer Wohnung nichts ändern. Aber erste Zweifel, ob es wirklich immer so weitergehen kann, müssen Sie schon haben, sonst hätten Sie sich vermutlich diesen Ratgeber nicht gekauft, selbst wenn der Kauf nur eine Ersatzhandlung gewesen sein sollte: „Ich beschäftige mich doch damit, ich habe einen Ratgeber gekauft. Was wollt ihr noch?“ Die erste Hürde, Ihnen eine neue, eine passende „Wohnform“ zu empfehlen, ist eine psychologische. „Wieso brauche ich jetzt eine besondere Wohnform, etwas anderes, als ich vorher bewohnte?“, werden Sie fragen. Und wenn auch Sie sich als Betroffener an dieser Form des Aussonderns aus dem Kreis der „normalen“ Bewohner stören, wenn Ihnen die Frage durch den Kopf geht, ob es nicht vielleicht doch noch etwas länger „so geht wie bisher“, ist dies nichts Anstößiges.

Psychologische Hürde

Die zweite Hürde ist noch schwieriger zu nehmen, wenn die Frage zu beantworten ist, welches denn nun die richtige Wohnform sein soll. Verwirrend ist einmal das Angebot und zum anderen, dass dieses auf einen Zustand zugeschnitten ist, der heute Gültigkeit hat, der morgen aber überholt sein kann. Wenn beispielsweise die Bewegungsfähigkeit oder das Sehvermögen eine überraschende Ein-

Heute gültig, morgen überholt

schränkung erfährt oder wenn die Verwandten, die sich bisher um die Betreuung kümmerten, plötzlich ausfallen, sind alle bisherigen Überlegungen obsolet.

Was müssen Sie ändern, damit sich nichts ändern muss?

Lebensabend zu Hause

Die meisten Senioren verbringen ihren Lebensabend in ihrer bisherigen Wohnung, dem Zuhause, wo 90 Prozent von ihnen auch ihr Leben beschließen. Wenn Sie sich diesen anschließen wollen und können, gibt es verschiedene Kriterien zu beachten: die Wohnungsausstattung und -anpassung, die Unterstützung im Alltag und – wenn nötig – die pflegerische Betreuung.

Die eigene Familie hilft

Die meisten, rund drei Viertel, der Pflegebedürftigen werden zu Hause betreut. Die pflegenden Angehörigen tragen die Last. Sie kümmern sich nicht nur Wochen und Monate, sondern oft auch über Jahre hinweg rund um die Uhr um ihre Pflegebedürftigen. Häufig sind sie durch die lang andauernde Pflege körperlich und seelisch erschöpft, gesundheitlich angeschlagen und durch die zeitliche Belastung sozial isoliert. Die Pflegeversicherung, so heißt es in § 3 SGB XI, soll vorrangig die häusliche Pflege durch Anverwandte unterstützen. Das ist der von der Politik ins Gesetz gegossene Grundsatz. Dafür zahlt die Pflegekasse das monatliche Pflegegeld, das allerdings niedriger ist als die „Sachleistungen“, welche von den Pflegediensten direkt bei den Kassen liquidiert werden. Das konterkariert das hehre Prinzip, ist aber den Kosten geschuldet und dem Misstrauen, die Pflegenden könnten sich bereichern.

Pflegeversicherung

Nicht bereichert, sondern überfordert

Aber wenn Sie die Pflege für einen Lieben übernehmen, werden Sie sich vermutlich nicht bereichert, sondern bald überfordert fühlen, körperlich, fachlich, seelisch. Sie können das Pflegen in Kursen lernen, die von verschiedenen Organisationen angeboten werden und die finanziell so gefördert werden, dass sie für Sie meistens kostenneutral sind. Doch das genügt in aller Regel nicht. Was ist mit Urlaub, was ist mit Pausen, mit Unterstützung für den Pflegenden?

Entscheidend sind die Schnitt- und Kontaktstellen zum professionellen System, zu den Sozialdiensten, den Überleitstellen der Krankenhäuser, der hausärztlichen Versorgung sowie zu komplementären Pflegedienstleistungen wie ambulante Pflegedienste, Kurzzeit- und Nachtpflege.

Ein hilfreicher Service für pflegende Angehörige könnte darin bestehen, eine Broschüre mit den wichtigsten Institutionen zu publizieren. Darin könnten enthalten sein: eine wohnbezirksbezogene Auflistung der ambulanten Pflegedienste, mit deren Schwerpunktsetzung (zum Beispiel Diabetes-, Schlaganfall-, Demenz-Erkrankte), ein Verzeichnis der Kurzzeit- und Tagespflegeeinrichtungen, Adressen der unterschiedlichen Dienstleistungszentren mit ihrer Angebotspalette, die Selbsthilfegruppen pflegender Angehöriger, die Kurs- und Beratungsmöglichkeiten bei den Krankenkassen und schließlich ein Überblick über diverse soziale Hilfsdienste (Hausnotruf, Essen auf Rädern).

Hilfe Dritter

Wenn Sie pflegen, sollten Sie sich auch mit den Möglichkeiten der sogenannten Kombinationspflege vertraut machen. Sie sind, so will es das Gesetz, nicht nur im Notfall berechtigt, die Hilfe Dritter in Anspruch zu nehmen. Die Leistungen der Kombinationspflege werden zum Beispiel von ambulanten Pflegediensten erbracht, die einen Versorgungsvertrag mit den Pflegekassen abgeschlossen haben und damit anerkannt sind.

Sie sind frei, einen zusätzlichen Pflegedienst zu wählen und zu entscheiden, welche Pflegemaßnahmen Sie selbst übernehmen beziehungsweise dem Fachpersonal übertragen wollen.

Ambulante Dienste als Belastung

Allerdings machen viele Pflegende „lieber alles selbst", weil sie die ambulanten Dienste als Zusatzbelastung wahrnehmen, die vorrangig auf objektivierbare Pflegeleistungen und ein abzuarbeitendes Programm fokussiert sind. Oder die Angehörigen fühlen sich als Störfaktor wahrgenommen, ihre Arbeit wird, so empfinden sie, als unerwünscht entwertet. Vermutlich müssen Sie selbst erst die Erfahrung machen, ob Sie mit Fachpersonal kooperieren können oder lieber alles selbst in der Hand haben wollen.

Es kann auch nicht in Abrede gestellt werden, dass das Pflegegeld für viele Rentnerhaushalte einen unverzichtbaren Bestandteil des Haushaltseinkommens bedeutet, was sie hindert, sich Pflegeunterstützung etwas kosten zu lassen. Sie befinden sich in einem Dilemma: Sie verzichten auf professionelle Pflege und die Sachleistungen der Pflegekasse, um zu sparen. Verwandte müssen einspringen. Doch Angehörige erhalten für ihre Leistungen etwa halb so viel wie professionelle Pflegedienste, selbst bei größerem Einsatz. Auch wenn diese Regelung misslich ist, muss man die positive Entwicklung sehen: Mit der Einführung der Pflegeversicherung wurde die Leistung der pflegenden Angehörigen erstmals gesetzlich anerkannt.

Hilfen für die Familien, Fachstellen für pflegende Angehörige

Der Freistaat Bayern fördert seit 1. Januar 2007 im Rahmen des „Bayerischen Netzwerks Pflege" Fachstellen für pflegende Angehörige. Ziel ist, in jedem Landkreis und in jeder kreisfreien Stadt Angehörigenarbeit fest zu installieren. Aufgabe dieser Stellen ist, die Pflegebereitschaft und die Pflegefähigkeit der Angehörigen zu erhalten. Wesentliche Elemente sind die psychosoziale Beratung, begleitende Unterstützung und Entlastungsangebote. Ein Wegweiser zur Angehörigenarbeit wurde entwickelt und ist online bestellbar (www.stmas.bayern.de/cgi-bin/publikat.pl?BEREICH=pflege). Ebenfalls im Netz abrufbar ist eine Liste der bisher eingerichteten Fachstellen: www.stmas.bayern.de/pflege/ambulant/ang-fachst.htm.

Für Angehörige von Demenzkranken wurden Betreuungsgruppen geschaffen, die stundenweise entlasten sollen. Für Angehörige und Kranke bieten sie Kontaktmöglichkeiten in familiär gestalteter Umgebung. Betreuungsgruppen werden in der Regel wöchentlich oder 14-tägig angeboten. Sie finden unter der Leitung einer Fachkraft durch ehrenamtliche Helferinnen und Helfer statt. Bislang haben sich in Bayern 91 Fachstellen für pflegende Angehörige, 160 Angehörigengruppen, 107 Betreuungsgruppen für altersverwirrte Menschen und 61 ehrenamtliche Helferkreise etabliert. Ob sich in Ihrer Nähe eine Gruppe oder ein Helferkreis befindet, erfahren Sie bei Ihrer Fachstelle für pflegende Angehörige, bei Ihrer Sozialstation, bei Ihrer Gemeinde, dem Landratsamt oder im Internet: www.stmas.bayern.de/pflege/ambulant/ang-betrgrp.htm.

Außerhalb Bayerns haben sich die Bundesländer noch nicht zum Aufbau eines flächendeckenden Netzwerks zur Unterstützung pflegender Angehöriger aufraffen können. Leider.

Seniorenbüro und Pflegebegleiter

Auf Bundesebene gibt es das Modellprogramm „Seniorenbüro“ und das Projekt „Pflegebegleiter“ mit einem zentralen Projekt- und mehreren Regionalbüros. Pflegebegleiter sehen sich als Freunde auf Zeit, die den pflegenden Angehörigen zuhören und sie begleiten. Sie haben für diese Aufgabe eine intensive Schulung absolviert. Sie engagieren sich freiwillig und unentgeltlich. Das Projekt wird durchgeführt vom Forschungsinstitut Geragogik, gefördert von den Spitzenverbänden der Pflegekassen und wissenschaftlich begleitet durch das Institut für Angewandte Forschung, Entwicklung und Weiterbildung an der KFH Freiburg

GUT ZU WISSEN

Projektbüro Pflegebegleiter auf Bundesebene
Bergstraße 60
41749 Viersen-Süchteln
Tel. 0 21 62/8 19 18 51
Fax 0 21 62/8 19 18 53

Regionalbüro West für die Bundesländer NRW, Rheinland-Pfalz, Saarland:
Treffpunkt West, Diakonisches Werk Dortmund mit Diakonische Dienste Dortmund gGmbH
Jägerstr. 5 R. 257
44145 Dortmund
Tel. 02 31/8 49 43 05
Fax 02 31/1 30 06 63

Regionalbüro Ost für die Bundesländer Brandenburg, Berlin, Mecklenburg-Vorpommern, Sachsen-Anhalt, Sachsen, Thüringen:
Sozialakademie AWO SANO gGmbH
Am Bassin 9
14467 Potsdam
Tel. 03 31/8 17 06 39
Fax 03 31/8 17 06 58

Regionalbüro Nord für die Bundesländer Hamburg, Bremen, Niedersachsen, Schleswig-Holstein:
Seniorenbüro Hamburg e.V.
Steindamm 87
20099 Hamburg
Tel. 0 40/30 39 95 07
Fax 0 40/30 39 95 08

Regionalbüro Süd für die Bundesländer Baden-Württemberg, Hessen, Bayern:
Paritätisches Bildungswerk
Wilhelmstraße 27
73776 Altbach
Tel. 0 71 53/7 10 35
Fax 0 71 53/82 62 55

Wie schaffen Sie Unterstützung im vertrauten Zuhause?

Wenn Sie in Ihrer vertrauten Umgebung bleiben wollen, sich aber das tägliche Leben zu erleichtern suchen, dann können Sie sich fast jede Form von Unterstützung zukaufen.

Der einfachste Ansprechpartner dafür ist der ambulante Pflegedienst. Er kommt in gewerblicher, kommunaler oder kirchlicher Form daher. Es sind Firmen, die in vorher vereinbarter Regelmäßigkeit Hausbesuche machen, um zu pflegen und zu versorgen. Sie rechnen, wie bereits dargestellt, mit Ihrer Pflegeversicherung ab.

Leistungskatalog

Der Leistungskatalog solcher ambulanter Pflegedienste umfasst die Grundpflege, die Behandlungspflege und die Hilfe zur Haushaltsführung, was natürlich nicht heißt, dass Sie den gesamten Katalog buchen müssen.

Grundpflege ist die Hilfe bei Tätigkeiten des täglichen Lebens, die zu den körperlichen und geistigen Grundbedürfnissen gehören, wie Essen und Trinken, Zubereiten von Mahlzeiten, An- und Auskleiden, der Gang zur Toilette, das selbstständige Aufstehen und Zubettgehen, An- und Auskleiden, Gehen, Stehen, Treppensteigen oder das Verlassen und Wiederaufsuchen der Wohnung sowie die Körperpflege: Waschen, Duschen, Baden, die Zahnpflege, das Kämmen und das Rasieren.

Die Behandlungspflege umfasst medizinische Leistungen sowie Hilfen bei der Befriedigung von körperlichen und geistigen Grundbedürfnissen unter erschwerten Bedingungen.

Manche Pflegefirmen bieten auch Vorlesen, Spaziergänge, Ausflüge oder den Besuch kultureller Ereignisse an.

Für ihr gesamtes Leistungsangebot verlangen sie natürlich Geld. Es sollen aber festgelegte Preise sein, die Sie sich vorher schriftlich nennen lassen sollten.

Das Manko ist natürlich: Wer kommt, geht auch wieder. Das heißt, Sie treffen auf Leute, bei denen Zeit Geld ist und die nicht auf Knopfdruck verfügbar sind, wenn Sie es wollen.

Ein weiteres Manko ist, dass Sie vielleicht irgendwann doch das eigene Heim gegen ein neues Zuhause im betreuten Wohnen oder im Heim tauschen müssen und Ihnen die Eingewöhnung in diese neue Umgebung und Gemeinschaft umso schwerer fällt, je später Sie sich dazu entschließen.

Aber dass Sie diese Befürchtungen angesichts der Annehmlichkeit, in der eigenen Wohnung bleiben zu können, verdrängen, das kann Ihnen keiner verdenken. Sie sollten den ambulanten Pflegedienst allerdings sorgfältig auswählen.

Wie finden Sie den passenden Pflegedienst?

Seitdem die Pflegeversicherung eine solide Einnahmequelle sichert, ist der Markt an Pflegeanbietern voll erblüht. Unter den Pflegediensten tauchen bekannte Namen auf, etwa von kirchlichen und sozialen Organisationen sowie von Wohlfahrtsverbänden. Es gibt aber auch private Unternehmen, die ebenfalls Leistungen der ambulanten Pflege anbieten. Bei der Auswahl sollten Sie bei denen beginnen, die in Ihrer Nähe ansässig sind, damit weite Anfahrten entfallen.

Unkontrollierte Qualitätskriterien

Einzige Voraussetzung für die Gründung eines Pflegedienstes ist, dass eine examinierte Kraft mit mindestens fünf Jahren Berufserfahrung die Aufsicht führt. Wer sonst noch beschäftigt wird, spielt keine Rolle. Zwar sieht das Sozialgesetzbuch Qualitätskriterien vor, aber deren Einhaltung wird nicht kontrolliert. Daher werden Firmenvertreter sagen: „Wir haben Zertifizierungen nicht nötig, weil wir so gut sind.“ Vorsicht!

Jede Pflegefirma, mit der Sie zu tun haben, wird von sich behaupten, sie sei die beste. Sie können das überprüfen durch Referenzen, die Sie sich vorlegen lassen. Es gibt ferner Zertifizierungen und Zulassungen, die bestimmte Qualitäten voraussetzen und regelmäßige Überprüfungen des Leistungsstandes vorschreiben, aber auch diese haben eine gewisse Inflation erlebt. Daher sollten Sie sich damit nicht zufriedengeben und die Auswahl in Stufen, wie hier beschrieben, vornehmen.

Erste Stufe:

Sinnvoll ist es, von der Kommune eine Liste der empfehlenswerten Firmen anzufordern, dazu sollte ein Anruf im Sozialamt genügen. Der nette Beamte wird Ihnen, wenn Sie nach einer konkreten Empfehlung fragen, vielleicht antworten, er dürfe keine einzelne Firma nennen. Dann soll er Ihnen alle nennen, die er auf der Liste hat, besser noch, diese Liste zuschicken. Vermutlich kann auch Ihr Pfarramt Empfehlungen geben. Eine Garantie für die Leistungen der Firma wird niemand abgeben, also müssen Sie selbst die Prüfung und die Entscheidung übernehmen.

Lassen Sie sich alle Angebote schriftlich vorlegen, schließen Sie keine mündlichen Verträge. Verlangen Sie eine schriftliche Erklärung, dass nur qualifiziertes und ordentlich gemeldetes Personal zum Einsatz kommt, und bitten Sie die Kraft, die für Sie zuständig sein soll, vor der Vertragsunterzeichnung zum Gespräch. Es wird sich nicht vermeiden lassen, dass gelegentlich Vertretungen zu Ihnen geschickt werden. Es werden auch Unqualifizierte oder Illegale auftauchen, das ist nach allen Erfahrungen beinahe unvermeidlich, aber Sie sollten darauf bestehen, dass Ihnen vorher telefonisch mitgeteilt wird, wenn eine Vertretung kommt und wer das ist. Unangemeldete kommen nicht ins Haus.

Gespräch vor Vertragsunterzeichnung

Zweite Stufe:

Dies zur Einstimmung. Nun folgen zunächst konkrete Kriterien, mit denen Sie die Spreu vom Weizen trennen:

1. Gibt es eine Empfehlungsliste des Sozialamts und befindet sich das Unternehmen darauf?
2. Hat der Pflegedienst einen Versorgungs- und Vergütungsvertrag mit der Pflegekasse abgeschlossen?
3. Welchen Verbänden gehört der Pflegedienst an?

Um Antworten auf diese Frage zu bekommen, genügt es, wenn Sie sich diese schriftlich zuschicken zu lassen. Damit dürfte sich die Zahl der Anbieter bereits deutlich verringert haben.

Dritte Stufe:

Für die Entscheidung vereinbaren Sie einen Termin zum Beratungsgespräch mit der Pflegedienstleitung, gehen Sie in die nächste Auswahlstufe mit folgendem Anforderungskatalog:

1. Ist der Pflegedienst telefonisch rund um die Uhr zu erreichen?
2. Werden Pflegeleistungen von qualifizierten Fachkräften durchgeführt?
3. Gibt es die schriftliche Zusicherung, dass die Pflegekräfte nicht von Zeitarbeitsfirmen kommen, sondern beim Pflegedienst angestellt sind?
4. Wird die Betreuung im Prinzip stets durch die gleiche Person ausgeführt?
5. Nimmt der Pflegedienst Kontakt zum behandelnden Arzt des Pflegebedürftigen auf, um sich abzustimmen?
6. Werden die vereinbarten Leistungen vertraglich festgelegt?
7. Welche zusätzlichen Leistungen und Beratungsangebote bietet der Pflegedienst oder kann er vermitteln (Essen auf Rädern, hauswirtschaftliche Hilfe, Hausnotruf)?
8. Sind Unterbrechungen der Pflege (Urlaub, Pflege durch Angehörige etc.) bei rechtzeitiger Meldung ohne Bezahlung möglich?

Betrachten Sie dieses dreistufige Verfahren als „harte Kriterien“. Die weichen Kriterien nennt Ihnen Ihr Bauchgefühl: Ist mir die Firma sympathisch, passt die Person, die mich betreuen wird, zu mir? Kann ich mit ihr warm werden? Immerhin wird es kaum jemanden geben, der Sie oder Ihren Anvertrauten so nahe kennenlernt wie der Betreuer.

Wenn harte und weiche Kriterien stimmen, haben Sie eine gewisse Gewähr, dass Sie es mit Fachkräften zu tun haben, die vertrauenswürdig sind, deren Arbeitsverträge in Ordnung sind und die Sie ins Haus lassen können.

CHECKLISTE

Wie finde ich den geeigneten ambulanten Pflegedienst?

1. Wird er vom Sozialamt empfohlen?
2. Hat er einen Versorgungs- und Vergütungsvertrag mit der Pflegekasse abgeschlossen?
3. Ist er in der Nähe?
4. Gehört er einem Verband an?
5. Ist er telefonisch rund um die Uhr erreichbar?
6. Werden Pflegeleistungen von Fachkräften ausgeführt?
7. Betreut mich die gleiche Pflegeperson?
8. Informiert er Betroffene und Angehörige über die notwendige Pflege?
9. Kooperiert er mit dem behandelnden Arzt?
10. Erstellt er einen Kostenplan?
11. Leistet er Hilfe bei der Beantragung und Festlegung der Pflegestufe?
12. Berät er über Kostenträger, Zuschüsse und finanzielle Hilfen?
13. Werden die vereinbarten Leistungen vertraglich festgelegt?
14. Bietet er zusätzliche Leistungen und Beratungsangebote (z.B. Essen auf Rädern, hauswirtschaftliche Hilfe, Hausnotruf)?
15. Sind Unterbrechungen der Pflege (Urlaub, Pflege durch Angehörige etc.) ohne finanzielle Nachteile möglich?
16. Kann er im Notfall kurzfristig auch nachts einspringen?
17. Kann ich den Pflegevertrag kurzfristig kündigen?
18. Leiten die Mitarbeiter die Angehörigen dazu an, Pflege-Hilfestellung zu leisten?
19. Gewährt er Einsicht in die Pflegedokumentation?
20. Ist ein Leistungsnachweis zum Gegenzeichnen vorhanden?
21. Werden Investitions- und Ausbildungskosten des Betriebs in Rechnung gestellt?

Wenn Sie nicht gleich die ambulante Pflege brauchen

„Ist dieser Aufwand wirklich nötig?“, werden Sie vielleicht fragen. Es müsse ja nicht gleich eine fremde Firma ins Haus gelassen werden. Das ist verständlich, wenn Sie nur gelegentliche Hilfe in Anspruch nehmen wollen. Aber denken Sie daran, dass die Finanzierung unterschiedlich ist.

Kinder

Die liebste Hilfe im Haushalt sind für viele die eigenen Kinder. Sie sind aber häufig – aus welchen Gründen auch immer – nicht verfügbar. Oft möchte man dann verzagen. Das ist jedoch völlig unnötig, denn es gibt genügend Möglichkeiten, sich Hilfe zu besorgen. Es empfiehlt sich, einen Notizblock zu benutzen, um möglichst alle potenziellen Pannen und die entsprechenden Servicestellen zu notieren, die am Ort ansässig sind, und keinen zu vergessen.

Unterhalb der Ebene des ambulanten Pflegedienstes gibt es organisierte (private, kirchliche und öffentliche) und nicht organisierte Hilfe.

Beginnen Sie mit Notizen zu einer nicht organisierten, nur gelegentlichen Hilfe. Was würde Ihnen das Leben erleichtern? Spaziergänge, Theater-, Konzert-, Opernbesuche? Vorlesen? Unterhalten? Es sind die kleinen, unregelmäßig gewünschten Dinge, die sich so regeln lassen, nicht die grundsätzlichen wie tägliches Putzen oder Kochen. Vielleicht fallen Ihnen noch einige ein, Schachspielen oder Kartenspielen. Machen Sie Ihre eigene Wunschliste und sagen Sie jetzt noch nicht, das geht sowieso nicht. Denn für die Realisierung Ihrer Wunschliste liegen einige Tipps bereit.

Haben Sie Kontakt zu Ihren Nachbarn? Sprechen Sie sie einfach an, aber nur solche, die Ihnen nicht spontan unsympathisch sind, denn Wachsamkeit ist wichtig. Geben Sie eine Kleinanzeige in Ihrer Zeitung auf. Etwa: „Gesellschaft zum Spazierengehen gesucht“, mit Chiffre. Geben Sie nicht öffentlich zu erkennen, wie alt Sie sind und wo Sie wohnen. Chiffre heißt, dass jeder, der sich auf Ihr Angebot bewirbt, Ihnen einen Brief schreiben muss, der Ihnen von der Zeitung zugeschickt wird oder den Sie dort abholen. Das bewahrt Sie normalerweise vor unseriösen Angeboten.

Kommunizieren Sie intensiver mit Ihren üblichen Ansprechpartnern, zum Beispiel Postbote, Zeitungsausträger, Verkäufer, aber nur mit denjenigen, zu denen Sie Vertrauen haben. Wichtig ist, dass niemand ohne Gewährsmann mit Ihnen in Verbindung treten kann. Also keine Zettelaktionen. Rufen Sie das nächste Gymnasium an und sagen Sie, dass Sie einen Job zu vergeben hätten für jemanden, der Ihnen vorliest und/oder Gesellschaft leistet, der bei Ihnen sogar seine Hausaufgaben machen kann, nur damit Sie nicht allein sind. Die Vermittlung soll aber über den Klassenlehrer erfolgen und nicht über das schwarze Brett der Schule. Das wäre eine ungesicherte Verbindung.

Gewährsmann

TIPP

Erstellen Sie eine Wunschliste und nutzen Sie Ihre Kontakte, um sich Wünsche zu erfüllen.

Mit der Pflegeversicherung entstand die ambulante Pflege als eigener Wirtschaftszweig. Doch die klassischen Hilfseinrichtungen gibt es nach wie vor.

Daher nutzen Sie wieder den Notizblock, um sich einen Überblick zu verschaffen: Es gibt gewerbliche, gemeinnützige, kommunale und kirchliche Hilfsangebote. Ein gewerbliches Hilfsangebot ist keine Garantie für Qualität. Es besagt lediglich, dass sich damit eine Erwerbsabsicht verbindet. Die Dienstleistung – Haushaltshilfe, Essen auf Rädern – wird angeboten, weil damit Geld verdient werden soll. Die Erwerbsabsicht ist nicht verwerflich. Viele Menschen sehen darin ihre Aufgabe, die sie mit Hingabe erfüllen, aber leben müssen sie davon auch.

Erwerbsabsicht nicht verwerflich

Zuverlässigkeit und Empathie

Also erwarten Sie keine Geschenke. Was Sie aber erwarten können, ist Qualität. Und zur Qualität in der Dienstleistung gehört Zuverlässigkeit, aber auch Empathie. Routinemäßig das Essen hinzustellen, ohne ein freundliches Wort an den Empfänger zu richten, ist nicht nur unfreundlich, sondern auch eine Schlechterfüllung der Dienstleistung, für die man ja immerhin bezahlt hat. Sie kann also gerügt und unter Umständen auch mit finanziellen Folgen verbunden sein. Das ist übrigens auch das Positive im Vergleich zu „geschenkten" Leistungen: dass man nicht annehmen muss, was kommt, sondern vertragliche Rechte hat.

Über gewerbliche Angebote können Sie sich alle erdenkliche Hilfe ins Haus holen. Oft jedoch sind solche Angebote ziemlich teuer und nicht immer ist das, was teuer ist, auch gut. Im Zweifelsfall sollten Sie lieber mit einer ambulanten Pflege Kontakt aufnehmen, um von der Leistungsliste einige Punkte zu bestellen.

Alles in einem: die „Perle"

Dass Einzelpersonen in der Mehrzahl aller Fälle sich in Deutschland um den Haushalt von Älteren kümmern, hat vor allem mit den Kosten zu tun, aber auch mit dem Wunsch nach einer stabilen Beziehung mit emotionalen Elementen. Die Perle putzt und wäscht, kauft ein und kocht, bringt ins Bett und tut alles, was eigentlich nur ein naher Angehöriger tut. Aber auch wenn man ihr oft etwas zusteckt, sie tut es nicht – jedenfalls nicht nur – aus Nächstenliebe, sie wird von Ihnen dafür bezahlt. Meistens allerdings schwarz, das heißt ohne Steuer, was die Steuerbehörden tolerieren, weil sonst das System zusammenbräche. Man rechnet, dass etwa 100 000 nicht versicherte Haushaltshilfen in Deutschland beschäftigt sind. Natürlich können Sie nur die Ausgaben für versicherte Haushaltshilfen steuerlich geltend machen. Viele sind auch ohne gültige Papiere im Land, was bei Entdeckung geahndet wird. Eine Perle muss nicht weiß und auch nicht durchsichtig sein.

Melden Sie geringfügig Beschäftigte an

Wenn Sie es richtig machen, was sich empfiehlt, melden Sie als Arbeitgeber Ihre geringfügig Beschäftigte oder „Minijobberin", das ist die entsprechende Bezeichnung für die Perle, bei der Bundesknappschaft an. Dann werden Sozialversicherungs- und Lohnsteuerpauschalen abgeführt, die etwa 20 Prozent des Lohns ausmachen. Wenn Sie den Anteil der Beschäftigten auch übernehmen, diese also ihr Geld „netto in die Hand" bekommt, ist der Aufschlag 40 Prozent.

Doch da sie wie ein Familienangehöriger durchs Haus geht, oft auch Kontonummer und Geheimzahl kennt, weil sie ja das Geld abholen muss, birgt ihre Beschäftigung generell ein gewaltiges Risiko. Es gibt nicht wenige, die stehlen und unterschlagen, ohne dass es auffällt.

Wirklich wehren können Sie sich dagegen nicht, weil Sie sie nur im Ausnahmefall ertappen werden oder einen Beweis finden. Aber Sie sollten nie eine Person einstellen, ohne dass Sie mit ihrem früheren Arbeitgeber persönlich gesprochen haben. Denn zur diebischen Elster wird man nicht, das ist man. Bei Ausländerinnen wird es gelegentlich keinen früheren Arbeitgeber hierzulande geben, aber oft sind es ganze Familien, die ihr Glück in deutschen Haushalten suchen. Dann sollten Sie mit den Mitgliedern der Familie reden, die schon hier sind, und mit deren Arbeitgebern. Diese Familien reagieren regelmäßig sehr empfindlich auf schwarze Schafe in ihren Reihen, weil das ihre Zukunft bedroht. Und wenn Sie Ihre Perle zum Geldholen schicken, vereinbaren Sie zusätzlich mit dem Mann in der Bank die Höhe des abzuholenden Betrags, damit Sie nicht weniger ins Portemonnaie gelegt bekommen, als dann auf Ihrem Kontoauszug erscheint. Und vertrauen Sie Ihren Schmuck, den Sie nicht täglich tragen, dem Safe in der Bank an. Ansonsten vermeiden Sie zur Schau gestelltes Misstrauen, denn das tötet die persönliche Beziehung zu Ihrer Perle.

TIPP

Bundesknappschaft / Minijob-Zentrale

Der Minijobber übernimmt haushaltsnahe Dienstleistungen, die normalerweise Familienmitglieder ausführen. Der Arbeitgeber zahlt geringere Pauschalbeiträge als bei gewerblichen Minijobs. Die Pauschalbeiträge zur Renten- und Krankenversicherung belaufen sich auf jeweils 5 Prozent. Hinzu kommen Umlagen zum Ausgleichsverfahren nach dem Aufwendungsausgleichsgesetz in Höhe von 0,1 Prozent, Beiträge zur gesetzlichen Unfallversicherung in Höhe von 1,6 Prozent, gegebenenfalls noch eine einheitliche Pauschsteuer in Höhe von 2 Prozent. Die Abgaben werden im Haushaltsscheckverfahren per Einzugsermächtigung vom Konto des Arbeitgebers von der Minijob-Zentrale eingezogen.

Information:
Deutsche Rentenversicherung Knappschaft-Bahn-SeeMinijob-Zentrale
45115 Essen
Tel. Service-Center: 01801 200 504

Download für den Haushaltsscheck: www.minijob-zentrale.de

Haushalts- und Pflegekräfte aus Osteuropa

Professionelle Hilfe aus Deutschland können sich viele nicht leisten. Oft sind Betreuerinnen aus Osteuropa die einzige bezahlbare Alternative.

Inzwischen ist es aufgrund der Liberalisierung durch eine Dienstleistungsverordnung aus dem Jahre 2005 möglich, Haushalts- und Pflegekräfte aus den osteuropäischen EU-

Ländern anzuwerben. Dafür gibt es gewerbliche Agenturen und die Zentralstelle für Arbeitsvermittlung der Bundesagentur für Arbeit.

Die Agenturen arbeiten mit Agenturen vor Ort und den Arbeitsagenturen der Entsendestaaten zusammen. Um die arbeits- und sozialrechtlichen Formalien müssen Sie sich dann nicht kümmern. Die Anstellung von Haushaltskräften ist kein größeres Problem, abgesehen davon, dass neben der Honorierung auch eine Regelung über Kost und Logis zu treffen ist. Natürlich frisst das den preislichen Vorteil weitgehend auf.

Schwieriger ist es, eine Pflegekraft zu finden. Denn Ausbildung und Abschluss müssen in Deutschland anerkannt sein. Dies wiederum liegt in der Zuständigkeit des Bundeslandes, in dem Sie wohnen. Im Sozial- oder im Arbeitsministerium bekommen Sie die entsprechende Auskunft.

Suche mithilfe der Zentralstelle für Arbeitsvermittlung (ZAV)

Deutsche Haushalte können seit Anfang 2005 osteuropäische Haushaltshilfen einstellen, um pflegende Verwandte bei den hauswirtschaftlichen Tätigkeiten zu entlasten und den Pflegebedürftigen ein Leben in ihrer gewohnten Umgebung weiter zu ermöglichen.

Haushaltshilfen dürfen nicht pflegen

Einkaufen, kochen, aufräumen und putzen zählen zu den Aufgaben der Haushaltshilfen. Pflegerische Arbeiten dürfen sie nicht leisten. Tätigkeiten, für die medizinische Vorkenntnisse notwendig sind, wie zum Beispiel Verbandswechsel oder das Verabreichen von Medikamenten, dürfen von der Haushaltshilfe ebenfalls nicht verlangt werden.

Die Absprachen mit den Arbeitsverwaltungen von Polen, Slowenien, Ungarn, Bulgarien, Rumänien, der Slowakischen und der Tschechischen Republik erlauben eine sozialversicherungspflichtige Vollzeitbeschäftigung in Deutschland.

Agentur für Arbeit prüft Bevorrechtigung

Wer eine Haushaltshilfe aus Osteuropa beschäftigen möchte, wendet sich an die örtlich zuständige Agentur für Arbeit. Dort reicht er einen Arbeitsvertrag für eine Haushaltshilfe und den Nachweis der Pflegestufe ein. Die Agentur für Arbeit prüft, ob bevorrechtigte Arbeitskräfte dem Arbeitsmarkt zur Verfügung stehen. Ist dies nicht der Fall, leitet sie die Unterlagen an die ZAV weiter. Die Anforderung einer bereits namentlich bekannten Haushaltshilfe leitet die ZAV direkt an die Arbeitsverwaltung im entsprechenden Partnerland weiter. Wenn der Haushalt keine Hilfskraft kennt, nutzt er den Service der ZAV, die aus ihrem Bewerberpool geeignete Kandidatinnen und Kandidaten vorschlägt. Von der Antragstellung bis zur Arbeitsaufnahme sollten Sie mit einer etwa fünfwöchigen Wartezeit – bei der namentlichen Nennung einer Haushaltshilfe – rechnen. Beim Vorschlag durch die ZAV beträgt die Wartezeit etwa sieben Wochen. In beiden Fällen müssen Sie für die Haushaltshilfe vor der Arbeitsaufnahme bei der örtlichen Agentur für Arbeit die sogenannte Arbeitserlaubnis-EU einholen.

Arbeitserlaubnis-EU

Eine Haushaltshilfe können Privathaushalte mit pflegebedürftigen Personen der Stufe I bis III beantragen. Der Arbeitgeber muss für eine angemessene Unterkunft sorgen und bezahlt die Haushaltshilfe nach Tarif. Kosten für Unterkunft und Verpflegung können davon abgezogen werden.

Mehr als 5000 private Haushalte haben diesen Weg seit Beginn des Programms bereits genutzt.

Die Einstiegslöhne für eine Vollzeit-Haushaltshilfe liegen je nach Bundesland zwischen 967 und 1177 Euro im

Monat. Hinzu kommen Abgaben zur Sozialversicherung. Kosten für Unterkunft und Verpflegung im Haushalt des Arbeitgebers dürfen monatlich bis maximal 365,37 Euro auf das Bruttoeinkommen angerechnet werden (Neue Bundesländer: bis 351,60 Euro).

Lebt die Hilfe nicht im Haushalt der Pflegeperson, liegt der Höchstbetrag bei 394,50 beziehungsweise 378,30 Euro. Haushaltshilfen sind bis zu 624 Euro pro Kalenderjahr steuerlich absetzbar, wenn wegen Krankheit des Steuerpflichtigen oder einer zu seinem Haushalt gehörenden Person hauswirtschaftliche Hilfe nötig ist. Ist die Pflegeperson in die Pflegestufe III eingruppiert, sind 924 Euro pro Jahr absetzbar.

Haushaltshilfen sind steuerlich absetzbar

Die Beschäftigung ist zunächst auf drei Jahre angelegt, die Haushaltshilfen können nach zwölfmonatiger ununterbrochener sozialversicherungspflichtiger Beschäftigung eine unbefristete Arbeitsberechtigung für die EU erhalten.

GUT ZU WISSEN

Zentrale Auslands- und Fachvermittlung (ZAV)
Villemombler Str. 76
53123 Bonn
Tel. 02 28/7 13-14 14
Fax 02 28/7 13-2 70 11 11
ZAV-Bonn.Haushaltshilfen@arbeitsagentur.de
www.arbeitsagentur.de > Bürgerinnen & Bürger > Arbeit und Beruf > Vermittlung > Haushaltshilfen.

Die Helden des Landes: ehrenamtliche Helfer

Die ehrenamtlichen Helfer, die ohne Bezahlung Dienste leisten, sind die eigentlichen Helden und Vorbilder des Landes. Wenn Sie einen gemeinnützigen Verein in Ihrer

Nähe haben, sind Sie zu beglückwünschen. Ob es einen solchen Verein gibt, das sagt Ihnen das Sozialamt oder die Kirchengemeinde. Dieser Verein wird vermutlich keine tagtägliche Betreuung ersetzen, obwohl es auch dies gibt. Denn seine Mitglieder tun Gutes in ihrer Freizeit, sie lesen vor, gehen spazieren, machen Einkäufe. Diese Dienste sollten Sie unbedingt annehmen, weil die emotionale Bereicherung hoch ist. Aber Sie sollten sich, Gemeinnützigkeit hin oder her, stets erkenntlich zeigen. Es muss ein Geben und Nehmen sein. Wenn kein Geld angenommen wird, weil ja kein Vertrag geschlossen werden soll, machen Sie eine Spende. Am besten treffen Sie mit dem Vereinsvorstand eine Regelung über das von Ihnen gewährte Entgelt. Das kann hoch sein oder niedrig, wichtig ist, dass alle etwas von den gemeinnützigen Aktivitäten haben und dadurch die Zufälligkeit in den Kontakten vermieden wird. Dann fällt nicht mehr so leicht ein Besuch bei Ihnen aus.

Zeigen Sie sich erkenntlich

Ihr Bürgerrecht: die Inanspruchnahme kommunaler Hilfe

Ein Sozialamt hat jede Gemeinde. Größere haben Beratungs- und Betreuungsstellen auch für Ältere. Hier finden Sie einen Platz zum Lesen, zum Kaffeetrinken, vermutlich ist eine ambulante Station angeschlossen, wo Sie auch Ihren kleineren oder größeren Kummer loswerden können. Rufen Sie einfach mal Ihren Sozialdezernenten an und fragen Sie ihn, was er für Sie im Angebot hat, außer bei runden Geburtstagen mal vorbeizuschauen. Es wird keinen geben, der sich einem solchen Telefonat verweigert, vielleicht werden Sie an den Seniorenbeauftragten verwiesen, das ist aber auch in Ordnung. Jedenfalls haben Sie dann den persönlichen Kontakt, der immer gut ist, wenn es irgendwo in der Beziehung zur Gemeinde klemmt,

Rufen Sie Ihren Sozialdezernenten an

auch wenn er im konkreten Fall nicht zuständig ist. Und Sie wissen, was es für Sie an Leistungen gibt, ob ohne Entgelt oder gegen Gebühr. Meistens findet man die Angebote auch im Internet, aber ein persönliches Gespräch ist immer sinnvoll.

Natürlich werden Sie jetzt denken: Ich kann doch nicht ohne Grund den Sozialdezernenten anrufen. Doch, das können Sie als Bürger Ihrer Gemeinde, der nur seine Rechte in Anspruch nehmen will. Sagen Sie, dass Sie diese Empfehlung gerade in einem Ratgeber gelesen haben.

Über alle Konfessionen hinweg: kirchliche Hilfe

Einen Großteil der Betreuung unserer Alten leisten die Kirchen, kirchliche Orden und kirchennahe soziale Institutionen. Oft weiß man allerdings nicht, wer zu wem gehört. Zu welcher Kirche gehören die Malteser, das Deutsche Rote Kreuz, die Caritas, der Samariterbund? Das ist auch nicht so wichtig, weil die geleistete Hilfe über die Grenzen der Konfessionen hinausgeht. Das ist bei anderen Glaubensvereinigungen anders. Aber bei den genannten christlichen ist es so.

Über die Grenzen der Konfessionen hinaus

Es ist daher prinzipiell nicht so, dass für einen evangelischen Christen der Weg zu einer katholischen Institution versperrt wäre – und umgekehrt. Aber natürlich führt für Sie der beste Weg zur kirchlichen Hilfe über die Pforte Ihrer Pfarrkirche. Im Gespräch mit Ihrem Pfarrer bekommen Sie den Kontakt zu den Angeboten, die es gibt beziehungsweise die Sie gebrauchen können. Da kann vieles dabei sein: Bibelstunden, Kaffeekränzchen, Ausflüge, kulturelle Veranstaltungen. Lassen Sie sich einfach überraschen. Auch wenn Sie lange nicht mehr in der Kirche waren: Dort weist Ihnen niemand die Tür. Und besser noch: Sie bekommen die Chance, sich einzubringen. Kochen Sie mal

Ihr Lieblingsrezept oder erzählen Sie von sich. Das hilft Ihnen und den anderen.

Wer bietet Hilfe?

Unabhängig davon – oder auch wenn Sie den Weg zum Pfarrer nicht gehen wollen – gibt es eine Überlegung, die Sie bei der Suche nach sozialer Unterstützung nicht außer Acht lassen sollten: Stellen Sie sich die Frage, wer Ihnen Hilfe bieten kann, wenn Sie sich allein nicht mehr versorgen können. Wer hat ein Heim oder eine Wohnanlage des betreuten Wohnens in der Nähe, für das er zuständig ist und wo er Sie auf die Warteliste setzen kann? Einige Einrichtungen bieten Optionsverträge an. Dazu später. Es ist wie einst bei der Schulauswahl für die Kinder: Im Prinzip ist die nächste die beste. Nur wenn Sie in der Nähe bleiben, können Sie die Hilfsangebote wahrzunehmen und beschädigen Ihre sozialen Kontakte nicht.

Das mag einige Dienste aussortieren, deren Leistungen anerkannt gut sind. Aber Ihre Sicherheit in der Zukunft bei bestmöglichem Erhalt der gewachsenen Umgebung ist ein gewichtiges Argument bei der Auswahl.

TIPP

Häusliche Hilfe

Schreiben Sie eine Wunschliste und versuchen Sie, sich diese zu erfüllen. Nutzen Sie bestehende Kontakte und vermeiden Sie Vereinbarungen mit Leuten, für die keiner Gewähr bietet. Erfragen Sie sämtliche Angebote durch Kontaktaufnahme zum Sozialamt und zur Kirche. Nehmen Sie keine Dienste in Anspruch, ohne sich dafür in irgendeiner Form erkenntlich zu zeigen. Bauen Sie dauerhafte Beziehungen auf, vor allem zu Institutionen, die Sie später stationär betreuen können – möglichst in Ihrer Nähe.

Wenn der Genosse kommt

Ein simples Prinzip macht Schule: Wer helfen kann, hilft denen, die Hilfe brauchen. Nicht umsonst, denn irgendwann bekommt er es zurück. Inzwischen gibt es 50 Seniorengenossenschaften, die nach diesem Prinzip funktionieren. Das Musterbeispiel ist die Seniorengenossenschaft in Riedlingen, in der sich 660 der 30.000 Bürger engagieren. „Was die einen heute haben und die anderen brauchen, kann morgen umgekehrt sein. Die Zeiten des Gebens und Nehmens nutzbringend zu organisieren", so der Vorsitzende Josef Martin, sei der Grundgedanke der Riedlinger Seniorengenossenschaft. Hier können auch Jüngere Mitglied werden, entweder um die 6,15 Euro pro Stunde zu verdienen oder um sich für später ein Konto anzulegen. Medizinische oder pflegerische Leistungen können die Genossenschaften nicht übernehmen, aber Rat geben, kochen, den Garten hegen oder einfach da sein. Da die Genossen viel Erfahrung haben, lohnt eine Kontaktaufnahme:

Geben und Nehmen

Seniorengenossenschaft Riedlingen
Färberweg 20
88499 Riedlingen
Tel. 07371-8394
Fax 07371-8293
Josef.Martin.Riedlingen@t-online.de

Für alle Fälle: einen Notruf installieren

Wer im Alter zu Hause wohnen bleibt, aber keinen Notruf installiert hat, der handelt leichtfertig. Das gilt auch, wenn Familienangehörige im Haus sind. Denn immer präsent sind sie nicht. In Deutschland sind bislang nur 1,5 Prozent der über 65-Jährigen an ein Notrufsystem angeschlossen, in Skandinavien bereits 10 Prozent.

Notrufsystem

Technisch funktionieren diese Systeme in Verbindung mit dem Telefon. Man benötigt eine TAE-Telefonsteckdose sowie eine 230 V Netzsteckdose für die Stromversorgung. Das Besondere ist der Funksender, der durch Fingerdruck den Alarm auslöst. Der Funksender kann als Armband oder als Kette getragen werden. Der Sender ist versiegelt und kann somit auch zum Beispiel unter der Dusche getragen werden. Seine Schwäche liegt in der mangelnden Dialogfähigkeit. Wenn der Sender gedrückt ist, schickt die angerufene Zentrale einen Wagen. In vielen Fällen ist dies unnötig, wenn beispielsweise der Sender aus Versehen aktiviert wurde. Sinnvoll ist daher die Möglichkeit, die in Verbindung mit einem Hausnotrufgerät geschaffen wird. Darin befinden sich ein Lautsprecher und ein Mikrofon. Bei einem Notruf stellt das Gerät eine Freisprechverbindung mit der Zentrale her. Die Lautstärke und die Empfindlichkeit des Mikrofons können von der Zentrale gesteuert werden. Nach der automatischen Identifizierung des Anrufers werden sofort alle Daten des Alarmierungsplans auf einem Monitor angezeigt. Man kann aber vor dem Einsatz noch mit dem Notrufer Rücksprache nehmen.

Hausnotrufgerät

Zusätzlich gibt es den Fallsensor, der ständig die Bewegung der Person überprüft. Sollte nach einer Erschütterung, zum Beispiel bei einem Sturz, keine Aktivität mehr vorhanden sein, wird automatisch ein Notruf abgesetzt.

Ihr Notruftelefon können Sie mit Ihrer Familie, Freunden, dem Nachbarn oder Rettungskräften verbinden. Das bedeutet, Sie müssen mit einer Notrufzentrale, die rund um die Uhr besetzt sein sollte, einen Vertrag schließen.

Wohlfahrtsverbände bieten Notrufsysteme

Notrufsysteme werden von allen Wohlfahrtsverbänden angeboten. Die Kosten für die Geräte, deren Installation und den Anschluss übersteigen allerdings leicht 1.000 Euro. Die monatlichen Kosten schwanken zwischen 10 und 50

Euro. Die Kosten für den Einsatz des Rettungsdienstes kommen noch dazu.

Die Krankenkasse beteiligt sich an den Kosten nicht, die Pflegekasse zahlt auf Antrag maximal 18 Euro im Monat.

Trotz der Kosten sollten Sie sich für eine Anschaffung entscheiden. Achten Sie aber darauf, dass das System interaktionsfähig ist, um Notrufe aus Versehen überprüfen zu können. Und fragen Sie, ob es schon ein System gibt, das über den Fernseher den Gesprächspartner in der Zentrale zeigt und der sich mithilfe einer Kamera ein Bild vom Zustand des Anrufenden machen kann, zusätzlich zur sprachlichen Kommunikation. Die Kamera soll nicht dauernd laufen, um Ihren Intimbereich nicht zu verletzen, sie soll durch Sie bei Auslösung des Notrufs aktiviert werden.

Achten Sie auf Interaktionsfähigkeit

Haushaltsgeräte können das Leben erleichtern

Vieles könnte für die Senioren einfacher sein, wenn die Geräte, die sie gebrauchen, auch für sie gemacht wären – und nicht nur für eine jugendliche Klientel. Denn obwohl bestimmte Bereiche der Wirtschaft, wie die Immobilien- oder die Reisebranche, den Senior als Kunden entdeckt und spezielle Angebote für ihn entwickelt haben, gehören Bereiche des Alltags, wie Haushaltsführung, Einkaufen, Kommunikation und Fortbewegung, noch nicht dazu. Hier könnten geeignete Gerätschaften noch viel Gutes tun. Nutzerfreundliche Produkte – Wasch- und Spülmaschine, Handy, Staubsauger, Dosenöffner, Computer – würden von der älteren Generation gern angenommen.

Ältere Menschen haben ebenso wie Menschen mit eingeschränkten Fähigkeiten ein Recht auf Qualität und die für sie entwickelten Produkte müssten einer gründlicheren Prüfung unterzogen werden, als dies bisher der Fall ist. Gängige technische Prüfkriterien lassen die besonderen Bedürfnisse alter Menschen ebenso außer Acht wie die Bedürfnisse behinderter Menschen.

Dabei muss das nicht sein. Das European Committee for Standardization/European Committee for Electrotechnical Standardization etwa hat einen Guide herausgegebenen, CEN/CENELEC Guide 6, der für eine intensivere Beschäftigung mit diesem Thema viele Informationen liefert. Dort heißt es: „Während festzustellen ist, dass manche Menschen mit erheblichen und komplexen Beeinträchtigungen Anforderungen haben, die höher liegen als in diesem Guide behandelt, haben doch sehr viele Menschen geringfügige Einschränkungen, denen mit relativ kleinen Änderungen in der Herangehensweise an Normungen Rechnung getragen werden kann.“

Passende Geräte finden

Appelle helfen Ihnen allerdings konkret nicht weiter, wenn Sie sich oder einem Schutzbefohlenen den Haushalt praktisch und sicher einrichten wollen. Sie können die passenden Geräte finden. Aber wie? Zunächst einmal spielen Sie Ihre Marktmacht aus: Fragen Sie nach seniorentauglichen oder barrierefreien Geräten, nach „Design for all“ – ohne Scheu, denn sie gibt es: zum Beispiel Radios mit großen Knöpfen oder auf das Wichtigste reduzierte Fernbedienungen. Fragen Sie, ob es eine Bewertung der „Stiftung Warentest“ gibt. Je mehr Sie fragen, mit desto mehr Respekt wird man Ihnen begegnen.

Sie verlangen damit keine Sonderbehandlung. Für die Herstellung seniorentauglicher Geräte sprechen auch wirtschaftliche Gründe: zum einen die Zunahme potenzieller Kunden, zum anderen werden Geräte, die bequem und einfach oder sogar intuitiv zu handhaben sind, auch von einem weiteren Kundenkreis begrüßt und genutzt, zum

Beispiel wenn Personen vorübergehende Probleme haben, etwa nach einem Unfall oder durch den Verlust ihrer Brille, ebenso Mütter oder Väter, die mit dem Kinderwagen unterwegs sind, oder Reisende, die sich mit schwerem oder sperrigem Gepäck abmühen. Achten Sie also auf Funktionalität, Design, technische Qualität, Sicherheit, Material, Hygiene, alternative Formate, Bedienungsfreundlichkeit, Ergonomie, Fehlertoleranz und Sicherheit, das Preis-Leistungs-Verhältnis sowie die Einhaltung gesetzliche Vorgaben.

Achten Sie auf Funktionalität und Sicherheit

Sie sind dabei auch kein Michael Kohlhaas, Sie befinden sich in guter Gesellschaft. Universal Design fordert seit Langem Geräte, die kein Alter kennen: „Es geht nicht darum, Alltagsprodukte für unterschiedliche Zielgruppen zu gestalten, sofern nicht besondere Einschränkungen dies erfordern."

Waschmaschinen, Telefone, Verpackungen oder Haushaltsgeräte müssen nicht getrennt für junge und alte Menschen gestaltet werden. Sie sollten im Gegenteil gut gestaltet und somit von allen Zielgruppen gleichermaßen bedienbar sein.

Überlegen Sie auch, ob Sie sich ein Handy zulegen. Das ist nicht so teuer, wie man meint. Kaufen Sie eines mit einer „Prepaid Card", das heißt, Sie zahlen vorab und können diese Karte wieder aufladen. Dann sind Sie immer erreichbar – und tragen einen Notruf mit sich herum.

Notrufhandys

Es gibt sogar spezielle Notrufhandys, die Sie auf Tastendruck mit der Notrufzentrale verbinden, andere Tasten können Sie mit der Nummer des Arztes oder von Verwandten belegen.

ACHTUNG

Kaufen Sie kein Gerät, das Sie nicht selbst im Einsatz getestet haben. Also: Die Vorführung durch den Verkäufer genügt nicht, und in der verschlossenen Verpackung wandert kein Gebrauchsgegenstand in Ihren Warenkorb.

Teilen Sie doch Ihre Wohnung

Teilen und vermieten

Ist Ihnen bei den Überlegungen, wie und wo Sie im Alter wohnen wollen, aufgefallen, dass Ihre Wohnung eigentlich viel zu groß ist? Wenn ja, ergeben sich Möglichkeiten, die Ihnen zugute kommen können: Teilen Sie die Wohnung und vermieten Sie die Zimmer, die Sie nicht mehr benötigen. Wenn Sie nicht Eigentümer, sondern Mieter sind, müssen Sie natürlich die Erlaubnis zur Untervermietung einholen.

Wohnung gegen Pflege

Wenn Sie nun die Wohnung nicht an irgendjemand vermieten, sondern damit Bedingungen verknüpfen, kann Ihnen das helfen. Sie können an jemanden vermieten, der für Sie den Einkauf besorgt, der nach Ihnen schaut oder vorliest. Ja, Sie können auch an einen Pfleger vermieten. Aber lassen Sie nicht die Vorsicht außer Acht, auf die Sie in Bezug auf die „Perle“ hingewiesen wurden. Sie schaffen einen engen Bezug zu einer Person, die bei Ihnen dann ein und ausgeht. Das darf nicht irgendjemand sein, der sich auf eine Anzeige gemeldet hat. Und wenn er Sie betreuen soll, benötigt der Mieter natürlich die entsprechenden Qualifikationen. Im Zweifel verzichten Sie auf den Mieter oder Untermieter und holen sich die Hilfe – wie bereits beschrieben – von professionellen Kräften.

Holen Sie sich einen Studenten

In Universitätsstädten entstand die Idee „Wohnen für Hilfe“: Ältere brauchen Hilfe und haben Wohnraum, junge Menschen suchen Zimmer und können helfen. Das Prinzip: Wer ein Zimmer entbehren kann, vermietet es und bekommt dafür keine Miete, sondern pro Quadratmeter eine Stunde Hausarbeit im Monat oder die Erledigung von Behördengängen, Fahrdienste und Unterstützung im Schriftverkehr und am Computer. Üblicherweise werden anfallende Nebenkosten separat bezahlt.

Hausarbeit statt Miete

Das erste Projekt wurde 1992 in Darmstadt registriert und bekam 1995 einen Preis. In Münster wird ein ähnliches Projekt vom Sozialministerium NRW unterstützt. In Köln fördert die Universität „Wohnen für Hilfe“, weil dort auf 85.000 Studierende nur 4.600 Plätze in den Studentenheimen kommen. Die Idee für das Tauschgeschäft stammt aus England. Unter dem Begriff „Home share“ bildeten sich in den 1980er Jahren viele WGs in London, wo die Mieten hoch sind. In München haben sich insgesamt 160 Wohnpartnerschaften entwickelt, ein Sozialarbeiter vermittelt die Kontakte. Jeder zweite Wohnungsanbieter ist über 80 Jahre alt, die meisten von ihnen leben allein.

GUT ZU WISSEN

Wohnen für Hilfe gibt es in:

Aachen
Gleichstellungsstelle RWTH Aachen
Templergraben 55
52056 Aachen
Tel: 0241/80 93578
Fax: 0241/80 92258
E-mail: wohnduo@rwth-aachen.de
web: www.rwth-aachen.de/gsb

Frankfurt
Bürgerinstitut – Soziales Engagement in Frankfurt
Oberlindau 20
60323 Frankfurt
Tel: 069/97201742 und 069/9720170
Fax: 069/97201711
E-mail: paefgen@buergerinstitut-ffm.de
web: www.ifs-frankfurt.info

Freiburg
Studentenwerk Freiburg
Schreiberstr. 12-16
79098 Freiburg
Tel: 0761/2101353
E-mail: krausse@studentenwerk.uni-freiburg.de

Gießen
Studentenwerk Gießen
Otto-Behaghel-Str. 23-27
35394 Gießen
Tel: 0641/ 40008163
E-mail: wohnpartnerschaften@studwerk.uni-giessen.de

Karlsruhe
Horst Jehle, Mentor für Bürgerengagement im Ehrenamt
Battertstr. 2
76189 Karlsruhe
Tel: 0721/5597970
E-mail: horst-jehle@t-online.de

Köln
Projektbüro „Wohnen für Hilfe"
Zentrum für heilpädagogische Gerontologie der Universität zu Köln
Frangenheimstr. 4
50931 Köln
Tel: 0221/470 7933
Fax: 0221/470 7934
E-mail: wfh@hrf.uni-koeln.de

Mainz
Servicestelle für lokale Bündnisse
Karmeliterplatz 3
55116 Mainz
Tel: 06131/206932
E-mail: mthierbach@lzg-rlp.de
E-mail: lebenswohnraum@drk-mainz.de

Marburg
Studentenwerk Marburg
Erlenring 5
35037 Marburg
Tel: 06421/296 113
Fax: 06421/296 252
E-mail: negwer@studentenwerk-marburg.de

München
Seniorentreff Neuhausen e.V.
Leonrodstr. 14 B
D-80634 Munchen
Tel: 089/168060 und 089/1675640
Fax: 089/1684418
E-mail: gf@seniorentreff-neuhausen.de

Münster
Amt für Wohnungswesen, Stadt Münster
48127 Münster
Tel: 0251/492-6451
Fax: 0251/492-7773
E-mail: ReifferC@stadt-muenster.de

Stuttgart
Projekt „Wohnen für Hilfe"
Deutsches Rotes Kreuz, Kreisverband Stuttgart e.V.
Bellingweg 16 A
70372 Stuttgart
Tel: 0711/2808-1133
Fax: 0711/2808-1323
E-mail: adengler@drk-stuttgart.de

Allgemein: http://www.homeshare.org/deutsch/

Gründen Sie eine Hausgemeinschaft

Wenn Sie über ein Haus mit mehreren Wohnungen verfügen, können Sie natürlich auch einen radikalen Schnitt machen: Sie gründen eine Hausgemeinschaft. Im Unterschied zur Alten-WG setzt sie voraus, dass jeder Bewohner über eine abgeschlossene Wohnung verfügt, die er nach eigenem Gusto einrichten kann. Perfekt ist es, wenn Räume vorhanden sind, die als allgemeiner Treffpunkt für alle Bewohner zugänglich sind.

Jedem eine abgeschlossene Wohnung

In dieser Gemeinschaft können Sie mit anderen aktiv sein und doch ein eigenes Leben führen. In ihrer Diplomarbeit stellt sich das Susanne Geißdörfer so vor:

„Das Zusammenleben der verschiedenen Senioren wird von ihnen selbst organisiert. Sie können Haushaltspläne erstellen sowie Ämter und Aufgaben untereinander verteilen. Haus und Hof sollen gemeinsam gepflegt und erhalten werden, als wäre es ihr Eigentum. Hierzu gehört die Bewirtschaftung der Grünflächen und des Nutzgartens ebenso wie das Reinigen von Hof und Gehweg. Jeder Bewohner wird eingebunden und kann seinen Teil zum Gelingen beitragen. Die selbstständige Organisation des Zusammenlebens stellt die Senioren vor neue Herausforderungen, verlangt Lösungen und aktive Beteiligung. Dieses Zusammenspiel hält körperlich und geistig fit, fördert die individuellen Kompetenzen und Stärken der Bewohner. Des Weiteren wirkt sich das Zusammenleben auf die Lebenszufriedenheit der Bewohner positiv aus. Sie finden hier neue Freunde, können enge Kontakte und Beziehungen aufbauen und sind letztlich Teil einer großen funktionierenden Gemeinschaft.“

So eine Hausgemeinschaft ist gewiss eine schöne Sache, aber wie weit die gegenseitige Hilfe und Fürsorge geht, ist ungewiss. Und ob der unterschiedliche Alterungsprozess nicht zu Problemen führt, wenn einer wirklich nicht oder nicht mehr gemeinschaftsfähig ist, ist eine Hypothek. „Für schwerwiegendere Krankheiten können die Senioren, je nach Mentalität, Kurse für pflegende Angehörige belegen und sich auf eventuelle Pflegefälle vorbereiten“, meint Geißdörfer. Ja, wenn es so leicht wäre.

Im Viertel hält man zusammen: Quartiersprojekte

Eigentlich gehören die Quartiersprojekte zu den „alternativen Wohnformen“. Da dieses Projekt aber Senioren im Fokus hat, die in ihrer Wohnung verbleiben, wird es hier abgehandelt. Das bedeutet für Sie, dass Sie nicht damit rechnen können, dass so etwas in Ihrer Gemeinde existiert. Aber Sie sollten im Sozialamt danach fragen.

Versorgungsnetz

Quartiersprojekte sind kleinräumige Konzepte. Sie binden die Wohnungen älterer Menschen in ein Versorgungsnetz ein. Um Beispiele zu ermitteln und bekannt zu machen, wurde vor einigen Jahren ein „Werkstatt-Wettbewerb Quartier“ ausgeschrieben. Das Bundesministerium für Familie, Senioren, Frauen und Jugend, die Stiftung Liebenau in Meckenbeuren und der Bundesverband Freier Immobilien- und Wohnungsunternehmen in Berlin waren beteiligt.

In der Praxis sieht es aber immer noch so aus, dass die einzelnen Versorgungsträger sich einen harten Wettbewerb liefern. Doch kleinteilige Vernetzung geht nur im Miteinander. Und danach sieht es noch nicht aus.

Die Politik jedenfalls plädiert dafür, die Strukturen der Altenhilfe vor allem dort zu konzentrieren, wo Alt und Jung zusammenleben: in den „normalen“ Wohngebieten. Nur dort werde es gelingen, „die Potenziale für Eigenverantwortung, gegenseitige Hilfe und auch Prävention zu stärken, auf die wir in Zukunft so stark angewiesen sein werden", formuliert Staatssekretär Peter Ruhenstroth-Bauer vom Bundesministerium für Familie, Senioren, Frauen und Jugend.

TIPP

Handlungsempfehlungen

Das Ergebnis des Wettbewerbs liegt jetzt vor und kann gekauft oder runtergeladen werden:
Ergebnisanalyse des Werkstatt-Wettbewerbs Quartier und Handlungsempfehlungen, Bertelsmann-Stiftung / Kuratorium Deutsche Altershilfe (Hrsg.), 2007
Kuratorium Deutsche Altershilfe
„Werkstatt-Wettbewerb Quartier"
An der Pauluskirche 3, 50677 Köln
Tel. 0221/ 931847-0
Fax 0221/ 931847-6
wohnen@kda.de
Download: http://www.kda.de

Hilfe im akuten Notfall

Kurzzeitpflegeplätze

Sie wohnen immer noch zu Hause oder in einer Hausgemeinschaft, aber nicht in einem Wohnmodell, das ständige Betreuung bietet. Da kann es sein, dass Sie oder derjenige, um den Sie sich kümmern, für kurze Zeit stationär in einem Pflegeheim untergebracht werden muss. Das nennt man Kurzzeitpflege. Das kann beispielsweise passieren, wenn die Pflege im Haushalt vorübergehend nicht möglich ist wegen Umbau der Wohnung oder Urlaub der Pflegeperson oder aber auch durch eine kurzfristige erhebliche Verschlimmerung der Pflegebedürftigkeit. Die Pflegekasse bezahlt für Kurzzeitpflege bis zu 1.432 Euro im Jahr, allerdings nur wenn eine „Vorpflegezeit" von 12 Monaten im häuslichen Bereich gegeben war.

Pflegekasse zahlt Kurzzeitpflege

Reicht diese Leistung der Pflegekasse nicht aus, besteht die Möglichkeit, im Rahmen der Einzelfallhilfe bei Unterschreitung bestimmter Einkommens- und Vermögensgrenzen vom Sozialamt weitere finanzielle Hilfe zu erhalten.

Einige Heime bieten die Möglichkeit der Kurzzeitpflege, es gibt aber auch spezielle Kurzzeitpflegeeinrichtungen. Wenn Sie die Wahl haben, sollten Sie die speziell darauf eingestellte Einrichtung wählen.

Tagespflege

Die Tagespflege ist ein Angebot für Menschen, die aufgrund körperlicher Behinderung oder psychischer Veränderung tagsüber der Pflege und Betreuung bedürfen, weil sie zu Hause, aus welchen Gründen auch immer, nicht im ausreichenden Umfang versorgt werden können. Abends kehren sie in ihre gewohnte Umgebung zurück. Tagesbetreuung ist eine teilstationäre, ergänzende Versorgungseinrichtung und soll durch gezielte Maßnahmen dazu beitragen, dauerhaft stationäre Unterbringung hinauszuzögern oder zu verhindern.

Tagespflege entlastet Angehörige

Mit der Tagespflege werden zum einen die Angehörigen entlastet, zum anderen sollen eine angemessene Pflege und Betreuung tagsüber sichergestellt und die Kommunikation zu anderen erhalten oder gefördert werden. Je nach Pflegestufe erhalten Sie einen Zuschuss durch die Pflegekasse, der zwischen 384 und 1.432 Euro liegen kann. Nach den Plänen der Regierungskoalition soll auch die Hälfte der entsprechenden Pflegesachleistungen (§ 36 SBG XI) beziehungsweise des Pflegegelds (§ 37 SBG XI) gezahlt werden können.

Teilstationäre Pflegeeinrichtungen

Alternative bei zu großer Belastung

In teilstationären Pflegeeinrichtungen werden Senioren zu bestimmten Tages- oder Nachtzeiten betreut. Ansonsten werden sie in ihrer Wohnung versorgt. Hier denkt man vor allem an Unterstützung für Angehörige, die tagsüber zur Arbeit müssen, und an Senioren, die ständig Betreuung benötigen, jedoch nicht in eine vollstationäre Einrichtung übersiedeln wollen. Sie bieten eine Alternative, wenn eine vollständige Pflege für den Angehörigen zu einer zu großen Belastung wird und er einen Teil der Verantwortung abgeben will. Für den Senior bedeutet die teilstationäre Pflege die Chance, Kontakte zu gewinnen und an einem Unterhaltungsprogramm teilzunehmen.

Oft wird der Transport zwischen eigener Wohnung und Einrichtung zu einem zentralen Problem, auch wenn üblicherweise die Hilfe von Fahrdiensten in Anspruch genommen werden kann. Die Tagessätze in teilstationären Pflegeeinrichtungen betragen je nach Pflegestufe 65 bis 145 Euro. Es gibt Zuschüsse aus der Pflegeversicherung wie bei der Tagespflege. Darüber hinausgehende Kosten müssen privat aufgebracht werden.

KAPITEL 3

Planen, umbauen und renovieren – wie Sie im eigenen Heim sicher alt werden

Das ist es, was den meisten vorschwebt: das eigene Heim so umzubauen, dass es einer Anlage des betreuten Wohnens entspricht. Dies wird von der Politik gefördert, verbal und in geringem Maße auch finanziell.

Taugt das Haus, taugt die Wohnung?

Zu Hause alt werden wollen die meisten. Aber genügt Ihre Wohnung den Erfordernissen? Das ist nicht leicht zu beantworten. Die Probleme fangen bei den Schwellen an, die verhindern, dass man mit dem Rollator oder dem Rollstuhl auf den Balkon kommt, und hören bei dem Fehlen eines Lifts, der die Verbindung zur Außenwelt herstellt, nicht auf. Wie eine geeignete Wohnung aussehen sollte, ist in der DIN 18025-1 Wohnungen für Rollstuhlbenutzer und in der DIN 18025-2 Barrierefreie Wohnungen nachzulesen.

Die Lektüre werden Sie sich vermutlich nicht antun, wenn Sie es nicht ganz genau wissen müssen. Es genügt, dass die Wohnung von ihrer baulichen Beschaffenheit auch dann für Sie ihren Dienst tut, wenn Sie von der Bewegung her eingeschränkt sind. Das heißt, auch wenn Sie auf den Rollator oder den Rollstuhl angewiesen sind, muss Ihre gesamte Wohnung von der Küche bis zur Toilette funktionieren.

Wohnung muss funktionieren

Merklisten und Qualitätsstandards

Für das betreute Wohnen gibt es seit einem Jahr eine besondere DIN, die DIN 77800, die begrifflich Minimalkriterien für diese Wohnform, insbesondere was den Betreuungsträger angeht, festlegt. Daneben gibt es Merklisten und Qualitätsstandards verschiedener Stiftungen und Vereine. Was das heißt und worauf Sie im baulichen Bereich achten sollten, wird später ausführlich dargestellt. Diese Kriterien sollen nach dem Wunsch der Politik, die so das Wohnproblem der Älteren flächendeckend angehen will, auf die eigene Wohnung übertragen werden.

Der Ersatz der Badewanne ist teuer

Die eigene Wohnung anzupassen wird finanziell – vor allem durch Kredite der KfW-Gruppe – unterstützt. Später mehr dazu. Eine Wohnraumanpassung hat aber enge Grenzen, wenn man nicht massiv in die Bausubstanz eingreifen will. Man kann Barrierefreiheit erreichen durch Nivellierung der Übergänge zwischen den einzelnen Räumen. Man kann Handläufe an den Treppen anbringen. Mit Treppen oder Haltestangen kann das Betreten der Badewanne erleichtert werden. Notrufanlagen können installiert werden. Aber schon der Ersatz der Badewanne durch eine Dusche wird teuer. Das Bad zu verbreitern, um einen Rollstuhl drehen zu können, das Schlafzimmer so zu verändern, dass der im Bett Liegende von zwei Seiten gepflegt werden kann, die Küche so umzubauen, dass die Arbeitsplatte unterfahrbar ist, oder die Flure rollstuhlgerecht zu verbreitern, das überfordert oft die baulichen und/oder finanziellen Möglichkeiten.

Und selbst wenn man das auf sich genommen hat, erreicht man gerade die Wohnungstür, nicht aber den Bürgersteig, die Garage oder den Garten. Und oft waren die Umbaumaßnahmen nutzlos, weil der Senior wegen eintretender Pflegebedürftigkeit das Haus verlassen musste oder verstorben ist.

Wenn Sie sich also mit dem Gedanken, die eigene Wohnung umzubauen, intensiv befassen, müssen Sie sich die folgenden Fragen stellen:

CHECKLISTE

Wohnungsanpassung

1. Erreiche ich die angestrebte Beweglichkeit?
2. Wie nachhaltig ist die Maßnahme, das heißt, für welchen Zeitraum entfaltet sie Wirkung?
3. Steht der Mitteleinsatz in vernünftiger Relation zum Ergebnis?
4. Bleibt die Wohnung in der neuen altengerechten Form nutzbar für denjenigen, der danach dort wohnen wird?
5. Darf ich die Wohnung in dem geplanten Ausmaß umbauen?
6. Wer zahlt für den Rückbau?

Barrierefreiheit ist für jede Wohnung und für jeden Bewohner sinnvoll, für die Mutter mit dem Kinder- oder Einkaufswagen genauso wie für die Alten. Ärgerlich ist, dass dies nicht zum Standard gehört und selbst Architektenkammer und Politik dies nicht für alle Neubauten verlangen – zumal es nicht teurer ist –, sondern es auf bestimme Geschosse und Prozentanteile beschränken.

Lage, Lage, Lage

Für die Experten der Immobilienwirtschaft gibt es nur drei Kriterien, die eine Aussage über den Wert machen: Lage, Lage, Lage. Für Sie hatte die Einschätzung vermutlich eher mit der Lebenssituation zu tun: als Student in der Stadt, mit der Familie ins Grüne. Und im Alter? Im Grünen kann man leicht versauern, wenn keine Anbindung zum ÖPNV, dem öffentlichen Personennahverkehr, gegeben ist.

Was Sie jetzt tun, ist eine Abwägung zwischen dem „gefühlten“ Vorteil, zu Hause wohnen zu bleiben, und den Strapazen, die Sie dafür auf sich nehmen müssen. Daher empfiehlt es sich, die einzelnen Punkte gegeneinander abzuwägen und sich ein unvoreingenommenes Urteil zu bilden.

Infrastruktur

Wie weit ist es zum Zentrum? Irgendwann wird man den Führerschein abgeben, trotzdem will man nicht ständig auf fremde Transporthilfe angewiesen sein. Wie weit ist es also zur nächsten Bushaltestelle? Eine Viertelstunde ist zu lang, um die Angebote wirklich wahrzunehmen. Und wie sieht die Taktung im Nahverkehr aus? Kommen Bus, Tram oder S-Bahn regelmäßig? Zu achten ist auf die Infrastruktur: Welche Einrichtungen des täglichen Bedarfs gibt es? Bäcker, Metzger, Laden, Briefkasten, Friseur, Seelsorge, Einrichtungen der Gesundheitsfürsorge – Allgemeinarzt, Apotheke, Drogerie? Die BSQBW e.V. (Bayerische Stiftung für Qualität im Betreuten Wohnen e.V.) normiert in ihren Standards Mindestanforderungen: Das Gefälle der Straße muss unter 6 Prozent liegen, der Weg zum ÖPNV weniger als 10 Fußminuten betragen und es muss mindestens fünf Verbindungen täglich geben. Gut, das sind Anforderungen an Wohnanlagen des betreuten Wohnens, aber Sie können diese Kriterien gut hernehmen, um Ihr eigenes Haus beziehungsweise Ihre Wohnung auf ihre Lage zu überprüfen.

Achten Sie auf die Erreichbarkeit kultureller Angebote, ebenso auf das Klima – wenn Ihr Haus exponiert liegt, können die Unbilden der Natur Sie über Gebühr strapazieren – und nicht zuletzt auf das soziale Gefüge der Gegend, ob Sie im Haus oder auf der Straße sicher sind.

GUT ZU WISSEN

Die richtige Lage

- Anbindung ÖPNV – mindestens 5 täglich, nicht mehr als 15 Minuten Fußgang zur Haltestelle
- Einrichtungen des täglichen Bedarfs – Bäcker, Metzger, Laden, Briefkasten in der Nähe (15 Minuten)
- Einrichtungen der Gesundheitsfürsorge in der Nähe
- Längsgefälle der Straße zum Haus geringer als 6 Prozent
- keine windexponierte Lage, „gesundes Klima"
- innerstädtischer Verkehr vor dem Haus stellt kein Problem dar
- gutes Quartierimage

Nach BSQBW e.V. Download: http://www.stiftung-betreutes-wohnen.de/media/standards_2007_06.pdf

Lohnt der Umbau?

Die Lage können Sie mit einem Umbau nicht verändern. Was können Sie, was dürfen Sie verändern, was nicht? Und bringt eine Veränderung Sie ans Ziel? Je nachdem, welche Umbaumaßnahmen Sie vorhaben, kann ein Umbau ein teures Projekt werden. Orientieren Sie sich an folgender Daumenregel: Die hälftigen Kosten für einen Neubau sollten für den Umbau die Obergrenze sein. Zugleich sollten die Kosten für die Umbaumaßnahmen unter 20 Prozent des Verkehrswertes der Wohnung oder des Hauses liegen. Etwas anderes sind Kosten für bauliche Maßnahmen, die generell wertsteigernd sind und nicht nach dem Auszug des Seniors rückgängig gemacht werden. Schwellenfreiheit etwa ist immer sinnvoll, Dusche statt Badewanne oder ein Lift für den Rollstuhl nicht.

Daumenregel für den Umbau

Was ist erlaubt?

Vergessen Sie nicht, wenn Sie Mieter sind, die Zustimmung des Vermieters zum Umbau einzuholen. Eventuell wird er diese Zustimmung verweigern, weil er die Wohnung nicht auf Dauer als Seniorenwohnung vermieten will. Oder er wird Ihnen die Zusage abfordern, dass diese wieder in den ursprünglichen Zustand versetzt wird, wenn der Senior die Wohnung verlassen hat. Und dafür gibt es weder Zuschüsse noch Kredite.

Weder Zuschüsse noch Kredite

Doch was ist ein Umbau? Nicht das Anbringen von Haltegriffen oder die Entfernung von Schwellen, nur „Eingriffe in den Baukörper". Ansonsten regelt § 554a BGB, dass das Interesse des Vermieters an dem „Erhalt der Mietsache" über den Interessen der Mieter stehen muss, die „ein berechtigtes Interesse an einer behindertengerechten Nutzung der Mietsache" haben.

GUT ZU WISSEN

§ 554 BGB Barrierefreiheit

(1) Der Mieter kann vom Vermieter die Zustimmung zu baulichen Veränderungen oder sonstigen Einrichtungen verlangen, die für eine behindertengerechte Nutzung der Mietsache oder den Zugang zu ihr erforderlich sind, wenn er ein berechtigtes Interesse daran hat. Der Vermieter kann seine Zustimmung verweigern, wenn sein Interesse an der unveränderten Erhaltung der Mietsache oder des Gebäudes das Interesse des Mieters an einer behindertengerechten Nutzung der Mietsache überwiegt. Dabei sind auch die berechtigten Interessen anderer Mieter in dem Gebäude zu berücksichtigen.
(2) Der Vermieter kann seine Zustimmung von der Leistung einer angemessenen zusätzlichen Sicherheit für die Wiederherstellung des ursprünglichen Zustandes abhängig machen. § 551 Abs. 3 und 4 gilt entsprechend.
(3) Eine zum Nachteil des Mieters von Absatz 1 abweichende Vereinbarung ist unwirksam.

Wenn Sie Eigentümer in einer Wohnanlage sind, müssen Sie für bauliche Veränderungen an Gemeinschaftsflächen, zum Beispiel im Eingangsbereich, bei den Mülltonnen oder den Briefkästen, die Zustimmung der Eigentümerversammlung herbeiführen.

Beginnen Sie mit dem Standort

Also einen Block zur Hand – und es beginnt der Weg durch die eigene Wohnung. Am besten draußen auf der Straße.

360-Grad-Blick

Der Senior will trotz Einschränkungen in seiner Mobilität nicht vom alltäglichen Leben abgehängt werden. Also ist ein Blick 360 Grad um den eigenen Standort nötig. Sind der Gebäudezugang, die Anbindung an die Müllräume, die Autostellplätze sowie die Wege in den Außenanlagen barrierefrei zu erreichen? Ist dieser Bereich beleuchtet, eventuell mit Bewegungsmeldern?

Achten Sie darauf, ob die Erschließungsflure zu Ihrer Wohnung witterungsgeschützt und weitestgehend natürlich beleuchtet sein. Fliesen in den Erschließungs- und Gemeinschaftsbereichen sollen die Rutschhemmung R 10 aufweisen. Die Haupteingangstür sollte eine automatische Schiebetüranlage haben. Die Beleuchtung des Eingangsbereiches sollte durch Bewegungsmelder erfolgen, die Briefkastenanlage sich im überdachten Bereich oder im Gebäude befinden. Eine Videogegensprechanlage wird angeraten.

Der kritische Blick vor die Tür

Parkplatz

Jetzt konzentriert sich der Blick auf die nähere Umgebung der Wohnung. Wie sieht es mit den Parkplätzen aus? Sind welche vorhanden, die auch etwas breiter gestaltet werden könnten, dass man mehr Raum zum Rangieren hat, dass vielleicht auch beim Einsteigen Hilfe geleistet werden kann? Und können Sie den Weg vom Parkplatz und vom Bürgersteig zur Haustür mit einem Rollator oder einem Rollstuhl bewältigen? Hat der Weg eine Steigung über 6 Prozent, ist das nicht zu machen. Der Weg zur Haustür sollte ein Geländer haben, das Stütze geben kann, besser noch zwei. Können Sie die Haustür ohne Stufen erreichen? Wenn der Weg zur Haustür über Treppen führt, ist zu prüfen, wem diese gehören, wen Sie fragen müssen, wenn sie baulich verändert werden sollen.

Treppen

Natürlich müssen nicht für jeden die Wege schwellenfrei sein. Und wenn Sie jetzt bei der Inspektion vor einer Treppe stehen, werden Sie sagen, die Treppe packe ich oder packt meine Mutter lange noch. Aber die Frage ist: Wie lange noch? Und haben Sie die Besichtigung nicht mit dem Vorsatz begonnen, bauliche Veränderungen vorzunehmen? An der entscheidenden Stelle, dem Zugang zur Wohnung, Zugeständnisse zu machen, gefährdet das ganze Vorhaben.

Keine Zugeständnisse

Es gibt inzwischen Hilfen, Treppen zu überwinden, sogenannte Hebelifte, aber im Außenbereich ist das technisch nur schwer zu realisieren, allein wegen der Funktionsfähigkeit bei verschiedenen Wetterlagen und wegen der Instandhaltung.

GUT ZU WISSEN

DIN 18025 Teil 2 – barrierefreie Wohnungen

1. Ältere Menschen, Kinder und Behinderte sollen sich ohne fremde Hilfe in ihren Wohnungen frei bewegen können.
2. Bedienungselemente wie Schalter, Steckdosen, Handläufe, Türgriffe oder Klingeln sollen auf einer Höhe von 85 cm angeordnet werden. Der seitliche Abstand zur Wand sollte mindestens 50 cm betragen.
3. Die Badezimmertür soll nach außen aufschlagen, damit eine im Bad gestürzte Person dem Helfer nicht die Tür versperrt. Duschplätze flach und bodenbündig einplanen.
4. Boden- und Treppenbeläge sollen rutschsicher ausgebildet werden. Durch Belagswechsel wird der Beginn von Treppen erkennbar.
5. Hauseingänge sind ebenerdig und ohne Schwellen zu gestalten. Die lichte Breite von Türen sollte mindestens 80 cm betragen. Landesbauordnungen können darüber hinaus bis zu 95 cm lichte Breite verlangen.

Eintritt in Ihr Haus

Nachdem Sie die Umgebung und den Zugang daraufhin untersucht haben, ob sie für einen älteren Menschen zumutbar sind, betreten Sie das Haus. Richtschnur für die Beurteilung sollte die Frage sein: Würden Sie das bei einer Wohnanlage des betreuten Wohnens akzeptieren oder nicht? Natürlich gibt es dann immer Punkte, die im Zweifel für den Umbau der eigenen Wohnung sprechen, zum Beispiel die Vertrautheit oder die Kosten. Aber die Entscheidungsgrundlage muss stimmen. Und dazu gehören alle Punkte auf den Tisch beziehungsweise auf Ihren Notizzettel.

Sofortlösungen sind möglich

Eine Sofortlösung meint das, was ohne bauliche Maßnahmen oder mit geringem handwerklichem Einsatz zu erledigen ist. Sie unternehmen also im Grunde zwei Besichtigungen: Eine konzentriert sich darauf, was Sie sofort mit geringem baulichem Aufwand tun können, die zweite hat bauliche Veränderungen im Fokus. Bewaffnet mit einem Block geht es um die Aufnahme der Schwachpunkte, vor allem der Stolperfallen.

Sturzunfälle

Im Jahr 2005 sind in Deutschland rund 5600 Senioren durch einen Haushaltsunfall gestorben, überwiegend durch Sturzunfälle. Die Zahl der Verletzten lässt sich nur schätzen, geht aber in die Hunderttausende. Und Oberschenkelhalsbrüche sind für viele der Anfang vom Ende ihrer Beweglichkeit. Es gibt einige allgemeine Hinweise, um das zu vermeiden.

Türschwellen sollten möglichst entfernt werden oder eine andere Farbe bekommen als der angrenzende Boden. Ist das nicht möglich, sollten an beiden Seiten der Schwelle Bretter so angepasst werden, dass eine kleine Rampe entsteht.

Lose Teppiche und Läufer sollten entfernt werden. Jedenfalls müssen sie gegen Verrutschen mit Antirutschmatten oder Klebebelägen gesichert werden.

TIPP

Hinweise, wie Senioren einen Sturzunfall vermeiden können, gibt die Aktion DAS SICHERE HAUS (DSH) in einer Broschüre „Sicher leben auch im Alter. Sturzunfälle sind vermeidbar". Sie kann bezogen werden von:

Deutsches Kuratorium für Sicherheit in Heim und Freizeit e.V. (DSH)
Holsteinischer Kamp 62
22081 Hamburg
info@das-sichere-haus.de

Sofortmaßnahmen, die Sie im Haus durchführen können

Wir sind im Haus und setzen die kritische Inspektion fort. Wie ist der Boden beschaffen, hat er Risse, Aufwölbungen, hochragende Ecken von Teppichen oder Bodenbelägen? Alles, worüber man stolpern könnte, muss weg. Ist der Boden mit Linoleum belegt (Rutschgefahr!)? Wo ist der Lichtschalter? Ist er im Dunkeln sichtbar? Wie komme ich bei Dunkelheit an den Schalter? Ist er vom Rollstuhl aus erreichbar? Wie hell ist es, wenn die Lampe angeschaltet ist? Genügt die Wattstärke der Glühbirne? Versperren Fahrräder, Möbel oder Gerätschaften den Weg zur Wohnung oder zur Treppe? Ist die Treppe mit einem Läufer belegt? Er müsste als gefährliche Stolperfalle weggenommen werden. Haben die Trittflächen der Treppen einen sicheren Belag? Hat die Treppe ein, besser noch zwei Geländer?

Stolperfallen entfernen

Wir erreichen die Wohnungstür. Ist die Klingel aus dem Rollstuhl oder von jemandem, der sich am Rollator festhalten oder auf den Stock stützen muss, ohne Mühe erreichbar? Geht die Klinke leicht? Ist vor der Tür eine Fußmatte, die den Weg versperrt oder zum Stolpern einlädt?

Sofortmaßnahmen in der Wohnung

Sie betreten die Wohnung. Liegen dort Läufer, über die man stolpern kann? Der Blick geht wieder zum Lichtschalter und zur Lichtquelle. Wie hoch hängt die Garderobe? Breite Truhen mit schwergängigen Schubladen werden notiert und aussortiert. Ebenso hohe Schränke. Da kommt man nicht mehr dran. Und Leitern, Tritte oder ähnliche Steighilfen sind die häufigste Quelle häuslicher Unfälle. Befinden sich auf Schränken, Sideboards, Vertikots,

Regalen große Vasen oder Kunstgegenstände? Sie haben dort nichts mehr verloren, wenn Sie nicht riskieren wollen, dass sie Ihnen auf den Kopf fallen beim Staubwischen oder zufälligen Anstoßen.

Senk- und Hebebewegungen ohne Hilfe

Die Wohnzimmertür prüfen Sie wieder auf Leichtgängigkeit, ebenso kontrollieren Sie den Bodenbelag und die Beleuchtung. Dann wenden Sie sich der Sitzgruppe zu. Wie tief sind die Sessel, so tief, dass man nicht mehr daraus hervorkommt? Sofort notieren. Das Gleiche gilt für die Stühle am Esstisch. Senk- und Hebebewegungen sind so zu ermöglichen, dass sie ohne fremde Hilfe erfolgen können. Ein kritischer Blick gilt den Fenstern: Wie leicht sind sie zu öffnen? Auf welcher Höhe befinden sich die Griffe? Kann man sie eventuell verlängern? Was ist mit den Rollläden? Die dürften schwer aus dem Sitzen hochzuziehen sein. Notieren für den Umbau und den Ersatz durch elektrische Heber.

Telefon

Hat das Telefon eine Drehscheibe? Sie muss durch eine Tastatur ersetzt werden, die große, eindeutig definierte Wahlknöpfe für die wichtigsten Kontakte hat. Ein Druck und das Telefon muss die Verbindung herstellen. Das Telefon hat auch keine Schnur mehr, die sich verheddern könnte, es funktioniert kabellos. Auch der Fernseher bekommt eine simple Fernbedienung mit großer Tastatur. Sie überprüfen noch, ob er sich für eine vergrößernde Vorsatzlinse eignet, und schon sind Sie in der Küche.

Arbeitsplatte

Licht, Boden, Tür, Fenster, Sie kennen die Prozedur. Doch jetzt wird es schwierig. Kann die Arbeitsplatte im Sitzen genutzt werden? Wie kommen Sie an die Vorräte heran, gibt es leichtgängige Schiebeschränke? Gerade in der Küche sind Steighilfen tabu.

Wie reagiert die Kochplatte auf Überhitzung? Schaltet sie sich ab, wenn kein Topf darauf steht? Auf Kochen mit Gas müssen Sie verzichten. Wie sieht die Wasserarmatur aus? Gibt es eine bewegliche Brause, mit der Sie leicht hantieren können? Steuern Sie das Wasser bequem mit einer Einhand-Armatur? Eventuell muss die altmodische Armatur durch eine Mischbatterie ersetzt werden.

Mit gut gefülltem Block nähern Sie sich dem Bad. Hat es eine Dusche ohne Schwelle? Vermutlich nicht. Das bedeutet Umbau. Hat die Badewanne wenigstens Haltegriffe zum Einsteigen und zum Verlassen für die ersten Wochen bis zum Umbau? Kommen Sie im Badezimmerschrank an alles Wichtige heran oder ist er zu hoch? Ist die Toilettenschüssel hoch genug, sodass Sie allein zurechtkommen? Ist der Boden besonders rutschfest – ohne die beliebten Läufer, die berüchtigte Stolperfallen sind?

Badewanne mit Haltegriffen?

Wenn Sie eine Vorratskammer im Haus haben, einen Speicher oder Kellerraum, bekommen diese auch noch Besuch. Boden, Beleuchtung, Zugänglichkeit und vor allem: Sind die Regale so niedrig, dass sie auch noch ihre Funktion erfüllen für jemanden, der sich nicht mehr recken und strecken kann, sondern überwiegend im Sitzen agieren muss?

TIPP

Eine gute Vorstellung von den notwendigen (Umbau-)Maßnahmen bekommen Sie, wenn Sie die Besichtigungstour im Rollstuhl durchführen, auch wenn derzeit noch keine Behinderung gegeben ist.

Ihre bauliche Besichtigung

Zum zweiten Mal betreten Sie nun das Haus, auf Ihrem Block finden sich schon einige Eintragungen für Sofortlösungen. Jetzt kommt der Umbau an die Reihe.

Eingangstür

Ein Blick auf die Eingangstür: Ist sie breit genug (90 cm), hoch genug (210 cm)? Wie hoch ist die Schwelle, die ich eben überschritten habe? Ist sie nicht höher als 2 cm? Geht die Tür schwer, wo ist der Griff? Kommen Sie aus dem Rollstuhl dran (85 cm)?

Automatische Schiebetüranlage

Prüfen Sie, ob für die Haupteingangstür eine automatische Öffnung oder eine automatische Schiebetüranlage vorhanden ist. Denn bei jedem Läuten zur Haustür zu laufen soll Ihnen oder Ihrem Schutzbefohlenem nicht zugemutet werden. Sie sind im Haus und es geht mit den Fragen weiter. Wie kommen Sie zur Wohnung, wie in den Keller? Haben Sie einen Flur vor sich, hilft ein Maßband weiter, ob er die Mindestbreite von 150 cm hat. Gegen einen engen Flur werden Sie im Normalfall machtlos sein, wenn Sie nicht die Statik des Hauses verändern wollen oder dies dürfen.

Im Fahrstuhl nach oben

In einem Mehrfamilienhaus hilft meist nur ein Fahrstuhl, wenn die Wohnung nicht ebenerdig ist. Einen privaten Fahrstuhllift einzubauen wäre Unsinn, denn dieses komplizierte Gebilde würde nicht lange funktionieren, wenn Kinder und andere Unbefugte damit Juxfahrten durchs Haus unternehmen. Abgehakt, Aufzug in Keller und Wohnung vorhanden. Doch schauen Sie sich die Kabine etwas genauer an.

Kabine genau anschauen

Ihr Innenmaß muss mindestens 110 mal 140 cm sein, die Kabinentür muss das lichte Durchgangsmaß von wenigstens 90 cm haben. Das Tableau innen und der Rufknopf außen müssen sich in einer Höhe von 85 cm befinden. Die seitliche Anfahrbarkeit des Rufknopfs außen muss vorhanden sein. In der Aufzugskabine gibt es einen Handlauf und gegenüber der Aufzugstür einen Spiegel.

Im Block werden weitere Details notiert.

Ungefährliche Treppen

Bei den Treppen geht es um die Tiefe und Höhe der Stufen und um die Wand. Befindet sich dort ein Handlauf, Höhe 85 cm, bei Stufenvorderkante? Können Sie auf der anderen Seite auch einen Handlauf anbringen? Gibt es eine Bewegungsfläche vor Treppenaufgang und -abgang mit den Maßen (mindestens) 150 mal 150 cm? Gibt es einen horizontalen Abschluss des Handlaufs, der 30 cm über die Stufenvorderkante führt? Ist die Treppe gewendelt, machen Sie große Fragezeichen in Ihren Block, denn innen wird die Breite der Treppenstufe oft dramatisch gering, das bedeutet Sturzgefahr für nicht mehr so Bewegliche.

Wendeltreppe

Der Mittelpunkt: die Wohnung

Schließlich betreten Sie den Lebensmittelpunkt, die Wohnung. Barrierefrei soll die Wohnung sein, ein Blick auf die Übergänge zwischen den Zimmern und zum Balkon verrät, ob hier Handlungsbedarf besteht. Außerdem sollte die Wohnung über einen getrennten Wohn- und Schlafbereich verfügen. Wieder der gestrenge Blick auf die Türen, lichtes Durchgangsmaß mindestens 80 cm, Wohnungseingangstür 90 cm, sie dürfen nicht in den Sanitärraum schlagen und sollen eine lichte Höhe von 210 cm sowie eine Türklinkenhöhe von 85 cm haben.

Schlafzimmer

Nun schauen Sie sich das Schlafzimmer genauer an. Kann das Bett so gestellt werden, dass es von drei Seiten zugänglich ist? Das erfordert einen Abstand von 90 cm zur Wand. Ist das Bett mindestens 150 cm breit? Ist es hoch genug, dass man aus dem Sitzen in eine liegende Lage wechseln kann? Sinnvoll ist es, eine Lampe am Bett anzubringen und den Strom so zu schalten, dass vom Bett aus alle Beleuchtungskörper im Zimmer an- und ausgemacht werden können.

Badezimmer

Die selbstständige Körperpflege wird für Sie wie für alle Senioren ein wichtiger Faktor für das Selbstwertgefühl sein. Daher sollte das Badezimmer so dimensioniert sein, dass die einzelnen Einrichtungsgegenstände auch für Rollstuhlfahrer beziehungsweise für Menschen, die eine Gehhilfe brauchen, nutzbar sind.

Bodenfliesen werden nicht nur nach optischen Gesichtspunkten, sondern nach Rutschfestigkeit ausgewählt und sollten nicht scharfkantig strukturiert sein. Ebenso muss die Anordnung der Badewanne ein müheloses Ein- und Aussteigen ermöglichen, indem sie ganz oder teilweise im rutschfesten Boden eingelassen oder über vorgesetzte Stufen begehbar ist. Natürlich sollte die Wanne mit ausreichend vielen Haltegriffen ausgerüstet sein, um genügend Sicherheit zu geben. Besser sind jedoch Duschkabinen, die mindestens 120 cm breit sind, da für viele das Baden in der Wanne zu mühsam ist. Der Duschplatz muss schwellen- und stufenlos eingefliest sein und ein Gefälle zum integrierten Bodenablauf haben. Innerhalb der Kabine sind entsprechende Haltegriffe vorzusehen sowie eine ausklappbare Sitzgelegenheit oder ein gepolsterter Duschsitz. Eine sinnvolle Maßnahme ist der Einbau von Massagedüsen, was sowohl in der Wanne als auch in der Duschkabine möglich ist.

Haltegriffe und Sitzgelegenheit

Der Waschtisch ist so zu installieren, dass Sie auch im Sitzen die Haare waschen und föhnen können. Davor sollten Sie einen Bewegungsraum von 150 cm mal 50 cm haben. Es gibt elektrische Waschtischlifter oder in der Höhe verstellbare Waschtische. Einhebel-Mischbatterien und Handbrausen sind als Armaturen sinnvoll. Im Bereich des Waschtischs sind ebenfalls genügend Haltegriffe vorzusehen.

Bei den Toiletten ist auf die individuell richtige Höhe zu achten. Es sollten erhöhte Sitze mit hygienischer und wasserdichter Vollpolsterung eingebaut werden. Die Kombination WC und Bidet mit Warmwasserreinigung und Warmlufttrocknung ist hygienisch. Können Sie neben dem Toilettenbecken Haltegriffe anbringen? Gibt es davor eine Fläche von 90 cm mal 70 cm? Ist es von zwei Seiten anfahrbar?

WC und Bidet

Die Badezimmermöbel sollten den Bedürfnissen der Senioren angepasst werden, sodass alle wichtigen Fächer, Schubladen und Türen im Sitzen erreichbar sind. Auch alle Steckdosen und Schalter sollten in bequemer Griffhöhe angebracht sein. Für Rheumakranke oder für eine schnelle Beheizung des Badezimmers ist die Montage zusätzlicher Deckenstrahler sinnvoll. Bei ausreichender Raumgröße empfiehlt sich der Einbau einer Sprossenwand für gymnastische Übungen und die Platzierung eines Hometrainers zur Belebung des Kreislaufs. Im Block notiert wird auch, dass auf jeden Fall eine Notrufanlage installiert wird. Die Eingangstür muss, wenn sie eine Flügeltür ist, nach außen öffnen, das Schloss muss sich von außen öffnen lassen.

Belebung des Kreislaufs

Küche

Die Menschen verbringen bis zu 40 Prozent ihrer täglichen Zeit in der Küche. Sie ist oft der am häufigsten genutzte Raum der Wohnung. Auch hier werden Sie einiges verändern müssen. Die Arbeitsplatte muss unterfahrbar wer-

Keine Treppchen und Hocker

den, die Küchenschränke sollten ausfahrbar sein, sodass sie bequem erreichbar sind. Mit Treppchen und Hocker zu arbeiten gehört der Vergangenheit an. Wichtigste Anforderung an die Kücheneinrichtung ist, dass man sich bei der Küchenarbeit hinsetzen kann. Das gilt für die Spüle, den Herd und einen Teil der Arbeitsplatte. Es empfiehlt sich, diese drei Elemente über Eck anzuordnen. Gute Erreichbarkeit der Schrankinhalte, Schubladen mit Leichtlauf-Vollauszügen, Backöfen mit komplett umschwenkbaren Drehtüren, Cerankochflächen, Glasfronten und Glasböden bei Oberschränken, Stauraum und Bevorratungsmöglichkeiten sind praktische Details. Oft ist auch der Einbau der Waschmaschine und des Trockners in der Küche von Vorteil. Das erspart den Weg in den Keller.

Balkon

Blick auf die Umwelt

Markise

Der Balkon ist wichtiger, als man annimmt, denn er öffnet den Blick auf die Umwelt. Also sind seine Brüstungen tragfähig auszubilden, ab einer Höhe von 60 cm sollen sie durchsichtig sein. Die Brüstung muss mindestens 90 cm hoch sein, wenn der Balkon 12 m über Grund ist. Ist er höher, beträgt die vorgeschriebene Brüstungshöhe 110 cm. Kritische Punkte sind die Markise, die mit Körperkraft nur schwer zu bedienen ist, und die Schwelle zur Wohnung, an der Rollator und Rollstuhl hängen bleiben. Hier kann man sich mit einem Lattenrost auf dem Balkon behelfen, besser ist, der Handwerker nivelliert den Übergang. Die Markise bekommt ein elektrisches Steuerungssystem.

Wohnzimmer und Technik

Nach diesem Rundgang können Sie Platz nehmen, um im Wohnzimmer technische Details zu überlegen. Das

Wohnzimmer ist natürlich vom Schlafzimmer getrennt. Die Notrufanlage im Bad hatten wir schon angesprochen. Der Blick gilt dem Fernseher. Sie notieren einen Termin mit dem Techniker, der entscheiden wird, ob er den Fernseher zum Zentrum der Notrufanlage machen kann. Etwa so: Der Senior meldet sich per Kopfdruck, ein Mitarbeiter des Sozialdienstes erscheint auf dem Bildschirm, sodass mit ihm kommuniziert werden kann, eine aktivierte Kamera macht den Senior im Büro des Ansprechpartners am Schirm sichtbar. An einer solchen Lösung wird in mehreren Firmen gearbeitet. Ob Ihr Handwerker Ihnen diese schon bieten kann, hängt vom Zeitpunkt Ihres Auftrages und von seiner Freude an Innovationen ab. Jedenfalls sollten Sie die Frage nach dem aktuellen Stand der Technik auf dem Block unterstreichen.

Wohnzimmer vom Schlafzimmer getrennt

Stand der Technik

Weiteres Detail: Gegensprechanlage an der Haustür. Sie sollten hören und sehen, wer in der Wohnung läutet. Das ist heute alles technisch machbar. Natürlich fordern Sie auch eine Telefonanlage, die einfach zu bedienen ist – mit Stationen in Wohnzimmer, Schlafzimmer und Küche.

Noch eine Kleinigkeit: Ein Rauchmelder, der schon eine Konzentration ab 2 Prozent erkennt und dann ein Pfeifsignal abgibt, ist sinnvoll – vor allem, wenn Sie Raucher sind. Am besten kaufen Sie einen mit VdS-Gütesiegel.

Bevor Sie es vergessen: Die Bedienung der Heizung muss optimiert werden. Die Ventile müssen sich in einer Höhe zwischen 40 und 85 cm befinden. Vielleicht schafft es der Techniker auch, dass man sie vom Sessel im Wohnzimmer aus mit der Fernbedienung einstellen kann.

Speicher und Keller

Und nachdem Sie die ganzen technischen Details notiert haben, natürlich mit Fristen für die Erledigung der Kostenvoranschläge, schauen Sie sich den Speicher und den Keller an. Denn wenn Sie den Wein oder das Bier nicht mehr allein hochholen könnten, wäre das eine erhebliche Einschränkung. Alle Vorräte im Keller müssen leicht zu greifen sein. Und die Treppen sollten breit genug, nicht zu steil und mit Handläufen auf beiden Seiten gesichert sein.

Aber so könnte es gehen, das selbstständige Wohnen zu Hause.

CHECKLISTE

Umbau des eigenen Heims

Wirtschaftlich sinnvoll: Wenn der Umbau die Hälfte eines Neubaus kostet, ist die Maßnahme nicht sinnvoll.
Nachhaltigkeit: Der Umbau soll so angelegt werden, dass er nicht nur für die Zielperson sinnvoll ist, sondern auch für die nachfolgenden Nutzer.
Grundlagen: Die Umbaumaßnahmen müssen den geltenden Vorschriften des Baurechts und den Baunormen entsprechen, vor allem DIN 18025-1, 12-1992 und DIN 18025-2, 12-1992.
Erlaubnis: Ein Eingriff in die Bausubstanz muss vom Eigentümer erlaubt werden.

	Mindestanforderungen	Empfehlungen
Lage	Die Wohnung muss auch ohne Auto die Teilnahme am Leben erlauben.	Nur zehn Minuten zur Haltestelle des ÖPNV.
Äußere Erschließung Außenanlagen	Der Gebäudezugang, die Anbindung an die Müllräume und die Bewohnerstellplätze sowie die Wege in den Außenanlagen sind barrierefrei zu gestalten.	Für die Beleuchtung der Wege werden Bewegungsmelder empfohlen.
Parkplätze	Der Weg zum Haus muss mit Rollator oder Rollstuhl zu bewältigen sein.	Ein Parkplatz wird verbreitert und reserviert.
Haustür	Der Weg zur Haustür muss schwellenfrei sein.	An die Haustür wird eine Gegensprechanlage mit Fernsehkamera installiert.
Wohnzimmer, Ess- und Schlafzimmer	Wohn- und Schlafbereich werden getrennt, alle Schwellen werden behindertengerecht. Fenster, Türen und Rolläden werden leichtgängig gemacht.	Das Wohnzimmer bekommt Möbel, aus denen man sich leicht wieder erheben kann, das Esszimmer höhere Stühle. Das Bett im Schlafzimmer ist so hoch, dass man leicht von einer sitzenden in eine schlafende Lage wechseln kann. Es ist von drei Seiten zugängig.
Badezimmer	Das Badezimmer hat einen rutschfesten Boden, Haltegriffe an Dusche, Bad und Toilette.	Die Badewanne wird durch eine Dusche ersetzt, die 120 cm breit ist und schwellenlos eingefliest ist. Der Toilettensitz wird erhöht.
Küche	Die Arbeitsplatte ist unterfahrbar. Hohe Schränke werden durch ausfahrbare ersetzt.	Waschmaschine und Trockner werden in die Küche installiert. Spüle, Herd und Arbeitsplatte werden über Eck angeordnet.
Balkon	Der Übergang in die Wohnung ist schwellenfrei. Die Brüstung ist 90 bzw. 110 cm hoch, je nach Höhe über Grund.	Die Markise bekommt einen elektrischen Antrieb.
Technik	Eine moderne Notrufanlage wird installiert. Es wird im Schlafzimmer ein Rauchmelder montiert.	Der Fernseher wird zum dialogfähigen Notruf- und Kommunikationsinstrument. Die Heizung kann mit der Fernbedienung gesteuert werden.

CHECKLISTE

Beratungsstellen für den altersgerechten Umbau Ihrer Wohnung oder Ihres Hauses

1. Die Arbeitsgemeinschaft Wohnberatung e.V. (AGW) ist der Bundesverband der Bau- und Wohnberatungen. Hauptaufgaben der AGW sind die bundesweite Koordination der Beratungsaktivitäten für private Bauinteressenten, Haus-, Wohnungsbesitzer und Mieter in den einzelnen Beratungsstellen sowie deren Unterstützung durch Beratungsmaterialien, Fort- und Weiterbildungsmaßnahmen. Die AGW hilft Ratsuchenden aber auch direkt durch die Herausgabe und den Versand von Ratgebern.

Arbeitsgemeinschaft Wohnberatung e. V. (AGW)
Adenauerallee 113
53113 Bonn
Tel. 02 28/21 95 71
Fax 02 28/21 95 23
info@agw.de
www.agw.de

2. 1994 wurde die Bundesarbeitsgemeinschaft Wohnungsanpassung (BAG) gegründet, um das Netz der Beratungsstellen dichter zu knüpfen. In fast allen Bundesländern gibt es regionale Ansprechpartner.

Bundesarbeitsgemeinschaft Wohnungsanpassung,
Koordinierungsstelle rund ums Alter
Mühlenstr. 48
13187 Berlin
Tel. 0 30/47 53 17 19
Fax 0 30/47 53 18 92
info@wohnungsanpassung.de
www.koordinierungsstelle-rundumsalter.de

3. www.nullbarriere.de ist die Webseite zum Themenkreis „Barrierefreies Planen, Bauen und Wohnen". Schwerpunkte sind Informationen zu den entsprechenden DIN-Normen und einschlägigen Anbietern sowie Produktpräsentationen, die Vorstellung interessanter Projekte und Initiativen, außerdem Auskünfte zu Fördermitteln, Zuschüssen und Finanzierungsmöglichkeiten.

4. Der Verein Barrierefrei Leben e.V. betreibt das Portal www.online-wohnberatung.de. Er leistet Beratung in Bezug auf Hilfsmittel und Wohnraumanpassung sowie Bauberatung in puncto Barrierefreiheit.

Was Sie zur Umbaufinanzierung wissen sollten

So regelt es § 40 SBG XI in seinem Absatz 4: „Die Pflegekassen können subsidiär finanzielle Zuschüsse für Maßnahmen zur Verbesserung des individuellen Wohnumfeldes des Pflegebedürftigen gewähren, beispielsweise für technische Hilfen im Haushalt, wenn dadurch im Einzelfall die häusliche Pflege ermöglicht oder erheblich erleichtert oder eine möglichst selbstständige Lebensführung des Pflegebedürftigen wiederhergestellt wird. Die Höhe der Zuschüsse ist unter Berücksichtigung der Kosten der Maßnahme sowie eines angemessenen Eigenanteils in Abhängigkeit von dem Einkommen des Pflegebedürftigen zu bemessen. Die Zuschüsse dürfen einen Betrag in Höhe von 2.557 Euro je Maßnahme nicht übersteigen."

Im Zweifelsfall zahlen sie nicht

Noch Fragen? Erstens, die Pflegekassen „können", also werden sie im Zweifelsfall nicht zahlen. Dann nur „subsidiär", das heißt, wenn andere zahlen, sind die Kassen nicht dabei. Dann müssen Sie im Antrag die „Kosten der Maßnahme" erklären, Ihr Einkommen beziehungsweise das Ihres Anvertrauten aufschlüsseln, begründen, welche positive Wirkung entfaltet wird, und schließlich ist der Betrag gedeckelt. Und nicht vergessen: Der Antragsteller muss die Pflegestufe I, II oder III haben. Viele, die es probierten, hatten außer Frust und Zeitverlust nichts davon. Wenn Sie es ausprobieren wollen, sollten Sie eine konkrete technische Hilfe zum Gegenstand des Antrags machen, vielleicht einen verstellbaren WC-Sitz.

Im Prinzip aber präsentieren sich viele Kostenträger als Finanzierungsunterstützer, der Bund über die KfW-Gruppe, Pflegekassen, Kommunen, Bundesländer und die Eingliederungs- und Hilfe zur Pflege und die Altenhilfe (§§ 53ff.,

61, 71 SGB XII). Die Anträge sind bei den Sozialämtern zu stellen, aber auch diese Hilfe ist „nachrangig".

Zuschüsse oder Darlehen

Für den seniorengerechten Umbau eines Hauses gibt es Zuschüsse, das sind Gelder, die nicht zurückgezahlt werden müssen, verbilligte Darlehen und daneben das normale Finanzinstrumentarium des freien Marktes. Die Pflegekasse zahlt einen Zuschuss. Gedacht ist an Maßnahmen, die mit wesentlichen Eingriffen in die Bausubstanz verbunden sein können, zum Beispiel Türverbreiterungen, fest installierte Rampen und Treppenlifter, der pflegegerechte Umbau des Badezimmers oder der Ein- und Umbau von Mobiliar entsprechend der Pflegesituation. Ein Zuschuss zur Wohnungsanpassung kann auch ein zweites Mal gewährt werden, wenn die Pflegesituation sich so verändert hat, dass erneute Maßnahmen nötig werden. Besteht keine Pflegebedürftigkeit, übernimmt mitunter die Krankenkasse die Kosten für Hilfsmittel. Unter Umständen hilft das Sozialamt. Allerdings werden die Zuschüsse nur in eine Richtung bezahlt, also nicht für den Rückbau.

Fragen Sie nach!

Zuschüsse finden sich gelegentlich auch in speziellen kommunalen Programmen und solchen auf Länderebene. Bescheid wissen sollten die Gemeinden und die Sparkassen. Aber Sie müssen gezielt danach fragen. Die Verfahren sind zwar arbeitsintensiv und zeitraubend, aber es ist geschenktes Geld.

Die Förderung durch die KfW-Gruppe

Die KfW-Gruppe, eine staatliche Bank, die aus der Kreditanstalt für Wiederaufbau entstanden ist, schenkt Ihnen kein Geld, gibt also keine Zuschüsse, aber dafür preiswerte Kredite.

Die Kredite werden speziellen Programmen zugeordnet, die von der Bundesregierung verfolgt werden. Und der Umbau einer Wohnung in eine betreute gehört zum Programm „Wohnraum-Modernisierung“. Reizvoll an den KfW-Krediten ist, dass Sie mehrere Programme abschöpfen können, also neben der Modernisierung können Sie zugleich den CO_2 – Ausstoß reduzieren oder auf erneuerbare Energien wie Biomasse oder Tiefengeothermie umsteigen. Daneben gibt es ein Programm „Solarstrom erzeugen“, Sie können also nach Belieben kumulieren.

KfW-Kredite

Die Darlehen der KfW-Gruppe zeichnen sich durch niedrige Zinsen, feste Zinssätze für die ersten 5 oder 10 Jahre und eine Finanzierung von bis zu 100 Prozent der Investitionskosten einschließlich der Nebenkosten aus. Eine vorzeitige Rückzahlung auch in Teilbeträgen ist jederzeit ohne Vorfälligkeitsentschädigung möglich.

Den Antrag auf Förderung stellen Sie bei Ihrer Hausbank. Voraussetzung ist natürlich, dass Sie der Eigentümer sind.

Dabei werden sogenannte „Standardmaßnahmen“ zu einem besonders günstigen Zinssatz finanziert. Dazu zählt alles, was den Gebrauchswert verbessert: zum Beispiel den Wohnungszuschnitt ändern oder das Bad modernisieren – und alles, was die allgemeinen Wohnverhältnisse verbessert: beispielsweise Balkone oder Loggien anbauen, Aufzüge nachrüsten, bauliche Mängel beheben, zum Beispiel Fußböden reparieren, Fenster erneuern, alten- und behindertengerecht umbauen, also auch die Voraussetzungen für barrierefreies Wohnen schaffen.

GUT ZU WISSEN

Übersicht Umbau-Finanzierung

1. Zuschüsse

a) Die Pflegekassen leisten bei Vorliegen von Pflegestufen subsidiär für Maßnahmen zur Verbesserung des individuellen Wohnumfeldes des Pflegebedürftigen, zum Beispiel technische Hilfen im Haushalt, wenn dadurch im Einzelfall die häusliche Pflege ermöglicht oder erheblich erleichtert oder eine möglichst selbstständige Lebensführung des Pflegebedürftigen wiederhergestellt wird. Maximal: 2.557,00 Euro

b) Programme der Kommunen und Länder: Nachfrage bei den Sparkassen, Bauämtern und Ministerien

c) Sozialämter: „Eingliederungs-, Pflege- und Altenhilfe"

d) Krankenkasse: „Hilfsmittel"

2. Darlehen

a) Die KfW-Gruppe, Kredite nach speziellen Programmen „Wohnraum-Modernisierung", kumulierbar, Antrag über Hausbank

b) Programme von Kommunen und Ländern

c) Bausparverträge, Bankkredite

KAPITEL 4

Ein Umzug muss sein – Wohnen in neuer Umgebung

Es geht zu Hause nicht mehr

Es liegt auf der Hand: Nur wenn Sie weiter zu Hause wohnen, bleibt Ihnen der Umzug erspart. Jeder andere muss altersbedingt umziehen. Und jeder geht damit anders um, für die einen ist es eine Freude, ein neuer Lebensabschnitt, für andere der Anfang vom Sterben.

Für den Umzug hat sich ein eigener Markt gebildet, denn etwa jeder zweite Mieter über 55 zieht mindestens noch einmal um. Geborgenheit und Zufriedenheit für ältere Bürger wollen sogenannte „Wohn-Dienstleister" bei einem Wohnungswechsel im Alter bieten, wenn ihnen das Umzugsmanagement anvertraut wird.

Sie übernehmen die Verhandlungen mit dem Vermieter ebenso wie das Ausräumen der Schränke, das Einpacken, den Transport und das anschließende Auspacken. Es sind keine normalen Umzugsunternehmen, denn vor allem ist ihnen die individuelle seelische Betreuung wichtig. Würden Sie sich nach vielen Jahren leicht von Ihrer Wohnung trennen?

Umzugsmanager

Der Umzugsmanager dagegen hat keine Bindung an Wohnung oder Mobiliar, deshalb fällt mit einem Profi an Ihrer Seite der Abschied von den lieb gewonnenen Dingen und der gewohnten Umgebung leichter, als wenn niemand dabei wäre. (Auch für Ihre Kinder bedeutet dieser Umzug, Abschied zu nehmen.) Umzugsmanager betreuen auch Leute, die wenig soziale Kontakte haben und ansonsten allein vor dem großen Schritt des Wohnungswechsels stehen würden. Ältere Menschen mit gesundheitlichen Problemen sind oft erleichtert, dass sie sich nicht mehr um einen Haushalt kümmern müssen. Aber der Neubeginn löst auch Ängste aus: Wird man sich gut einleben, wird das Zimmer im Altenheim oder das Apartment in der Seniorenwohnanlage das erwünschte „Zuhause" werden?

Ein Umzugsmanager muss nicht nur organisieren, putzen und einräumen können. Fähigkeiten als Coach und Therapeut sind gefragt: Motivieren, trösten und Ängste auffangen gehören zur Dienstleistung dazu. Auch absolute Verlässlichkeit verlangen die Kunden. Schließlich hat der Umzugsmanager zu den intimsten Dingen Zugriff, ob auf finanzielle Unterlagen oder Dinge wie Unterwäsche: Für die meisten bedeutet es viel Überwindung, dies in fremde Hände zu geben.

Große Speditionen bieten Ihnen ein Umzugsmanagement als Teil ihrer Leistung an. Speziell für Senioren gibt es die Firma Picobello in Schönbichlstrasse 58, 82211 Herrsching, die bundesweit aktiv ist.

Tel. 08152/3415
Fax 08152 /399216
Handy 0171 53 94 483
stiller-a-s@gmx.de

In München beispielsweise kostet das Umzugsmanagement 30 Euro pro Stunde. Falls sich jemand die Hilfe nicht leisten kann, übernimmt ein Sozialfonds der Stadt die Kosten.

Bange Frage: Wo soll ich hin?

Keine Niederlage

Sie müssen es nicht als Niederlage empfinden, das eigene Heim zu verlassen. Im Gegenteil, der Wohnungswechsel kann durchaus mit einem Zugewinn an Lebensqualität verbunden sein. Aber wohin Sie auch umziehen: Sie müssen im Mittelpunkt stehen. Daher sei an dieser Stelle schon die Empfehlung ausgesprochen, sich nicht auf ein Wohnangebot zu versteifen, das bei Bezug nicht mehr adäquat sein könnte. Vielmehr ist es sinnvoll, sich von allen Wohnformen einen Eindruck zu verschaffen und sich dann für das Angebot mit der größten Variabilität zu entscheiden. Das hat auch den großen Vorteil, dass man die verschiedenen Wohnmöglichkeiten unvoreingenommen und gelassen unter die Lupe nimmt, ungeachtet ihrer Bezeichnungen (Seniorenstift, Altenheim, Altersheim …).

So muss eine Seniorenresidenz nicht den Charakter einer Residenz oder eines Hotels haben, selbst Bezeichnungen wie Altersheim oder Pflegeheim verraten nicht, was einen dort erwartet.

Die LBS hat im Jahre 2006 unter „Umzüglern über 50“ eine Umfrage durchgeführt, welche Wohntypen ihnen am liebsten wären. Wenig überraschend lag „Wohnung/Haus ohne Dienstleistungen“, also das „eigene Haus“, mit 60,8 Prozent weit vorn. Es folgten „Wohnung/Haus mit Dienstleistung“ (16,9 Prozent), die „Seniorenresidenz mit Rundumversorgung“ (13,2 Prozent) und das „Alten-/Pflegeheim“ mit 9,1 Prozent.

Ob diese Umfrage für Sie spezifisch ist, hängt zum einen mit Ihrem Alter zusammen. Mit 50 macht man sich noch weniger Gedanken als mit 65. Trotzdem wird auch bei Älteren die Liebe dem eigenen Heim gehören, wenn der Verbleib dort machbar ist.

Nachstehend finden Sie einen Überblick über die wichtigsten Wohnformen, die derzeit am Markt eingeführt sind. Besonders beschrieben wird das betreute Wohnen in einer Wohnanlage. Dann werden alternative Modelle vorgestellt, die heute diskutiert und gelegentlich auch ausprobiert, aber nicht überall angeboten werden, geschweige denn praxiserprobt sind. Es wird derzeit viel zum Thema Wohnen im Alter unternommen. Das ist einerseits gut, andererseits verwirrend. Der Ratgeber hilft Ihnen, genau hinzuschauen.

Was ist eigentlich Betreuung?

Was ist Betreuung? Was ist Pflege? Zwei einfache Fragen, aber wenn Sie diese Antworten bekommen, ist es dann das, womit Sie rechnen können?

1. Betreuung ist, dass mir morgens meine Pillen sortiert hingelegt werden und man mir so lange Gesellschaft leistet, bis ich sie eingenommen habe.
2. Betreuung ist, dass man meine Post frankiert und einwirft.

Wo ist das geregelt? Nirgendwo. Die DIN 77800 „behandelt die Aspekte Transparenz des Leistungsangebotes, zu erbringende Dienstleistungen (unterschieden nach Grundleistungen/allgemeine Betreuungsleistungen und Wahlleistungen/weitergehende Betreuungsleistungen), Wohnangebot, Vertragsgestaltung sowie qualitätssichernde Maßnahmen“. So Holger Mühlbauer, der Geschäftsführer des Normenausschusses „Gebrauchstauglichkeit und Dienstleistungen (NAGD)“ im DIN.

Welches die einzelnen Pflegeformen sind, Tagespflege, stationäre Pflege, das haben Sie schon erfahren. Aber die

Inhalte sind mindestens ebenso wichtig. Im Zusammenhang mit dem betreuten Wohnen in einer Wohnanlage lernen Sie die Grundleistungen und die Wahlleistungen kennen. Aber sie variieren – mit einer gewissen Berechtigung, denn jeder hat andere Vorstellungen und andere Bedürfnisse.

Bewusstsein schärfen

An dieser Stelle soll Ihr Bewusstsein geschärft werden auch für Dinge, an die Sie nicht denken und die in Listen, die am grünen Tisch niedergeschrieben werden, nicht vorkommen. Und sei es nur die Lappalie, wer zu Beginn der Winterzeit den Stuhl vom Balkon räumt.

Die gängigen Wohnformen

Die Perspektive: betreutes Wohnen

Normaler Markt

Betreutes Wohnen wird gelegentlich auch als „Service Wohnen" bezeichnet. Es hat mit dem Heimgesetz nichts zu tun, es gibt keine gesetzliche Definition. Anhaltspunkte finden Sie in der DIN 77800, die Mindestansprüche formuliert. Das bedeutet, wenn Sie sich im betreuten Wohnen einmieten oder einkaufen, bewegen Sie sich im normalen Wohnungs- beziehungsweise Immobilienmarkt. Anbieter vermieten Ihnen seniorengerechte Appartements und bieten Ihnen ein bedarfsgerechtes Betreuungsangebot. Was sich dahinter verbirgt, ist häufig ein Geheimnis, das Sie sorgfältig zu lüften haben. Worauf Sie achten müssen, wird in Kapitel 5 „Betreutes Wohnen in einer Wohnanlage" ausführlich erläutert.

Diese Wohnform eignet sich besonders für Senioren, die sich ihre Eigenständigkeit weitgehend bewahren wollen und dafür in ihrer bisherigen Wohnung keine Möglichkeit oder keine Perspektive sehen. Die Angebote sind sehr unterschiedlich in der Leistungs- und Preisgestaltung, da es keine gesetzlichen Regelungen gibt, sondern die Regeln des Marktes gelten. Besonders tückisch sind Anpreisungen, man baue „nach der DIN 77800“. Was die Bauausführung angeht, bezieht sich diese DIN auf die entsprechenden Baunormen, etwa die DIN 18025. Und nach DIN hat jeder zu bauen. Das ist so, als würde ein Richter sich anpreisen: „Urteile nach Gesetz.“ Die DIN 77800 zielt auf den Betrieb der Wohnanlage, so wird etwa die jährliche Unterweisung in die Notrufanlage gefordert. Da kann man vorher viel versprechen.

GUT ZU WISSEN

Die DIN 77800

Die DIN enthält Mindestanforderungen:

1. Transparenz des Leistungsangebotes und Informationspflichten in Bezug auf
   a) Wohnanlage
   b) Wohnung
   c) Grundleistungen
   d) Wahlleistungen
   e) Kosten und Finanzierung

2. Anforderungen an die Dienstleistungen
   a) Haustechnischer Service
   b) Notrufsicherung
   c) Betreuungsleistungen
   d) Beratungstätigkeit
   e) Informationstätigkeit;
   f) Vermittlungs- und Organisationstätigkeit
   g) Soziale und kulturelle Betreuung

3. Anforderungsprofil für Betreuungspersonen

Gütesiegel

Daher sollten Sie auf die Auszeichnung mit neutralen Gütesiegeln achten und mehrere Anlagen vergleichen. In jedem Fall sind generelle Barrierefreiheit, die seniorengerechte Ausstattung von Wohnungen und Gemeinschaftsräumen, die Leistungen des Mietvertrags, die Grundpauschale, die Zusatzangebote, die Leistungen bei Pflegebedürftigkeit oder Krankheit zu prüfen. Wichtig ist auch die Garantie, dass der Betreuungsträger der Anlage auf Dauer vertraglich gebunden ist und Sie nicht plötzlich allein lassen kann. Auch hierzu erhalten Sie noch weitere Hinweise. Weil hier mehrere Aspekte und Rechtskreise zusammenkommen, ist es schwierig, die richtige Wahl zu treffen, die beste Wohnung zu kaufen oder zu mieten. Allein auf die Aussagen der Prospekte sollten Sie sich in keinem Fall verlassen. Auch hier hilft Ihnen der Ratgeber weiter.

Da betreutes Wohnen aufgrund steigender Qualitätsansprüche und -kontrolle sich zunehmender Beliebtheit erfreut, gehen immer mehr Heime dazu über, eine solche Wohnanlage an ihren Betrieb anzukoppeln. Dadurch können alle Leistungen, die im Alten- beziehungsweise Pflegeheim angeboten werden, in Anspruch genommen werden. Das bedeutet, dass sogar in der Pflegestufe III die Betreuung in der eigenen Wohnung erfolgen kann.

„Normales" Altenheim verliert seine Funktion

Infolge dieser Aufgabenverteilung verändern viele Heime ihren Charakter. Das heißt, das „normale" Altenheim verliert seine Funktion. Wer sich selbst – unterstützt durch gekaufte Leistungen – versorgen kann, geht ins betreute Wohnen. Das Heim wird zwangsläufig zum Pflegeheim, in das bei dauerhafter Bedürftigkeit gewechselt wird. Das wird dann nicht mehr als Umzug empfunden, da das Pflegeheim ja Teil der Anlage ist. Baulich werden jedoch hohe Anforderungen gestellt, da der aktive Senior die Nähe zu den Pflegebedürftigen scheut. In der Anlage Miravilla in Würzburg wurde dies vorbildlich gelöst. Ein Ortstermin lohnt sich.

Ein anderer Ansatzpunkt, dem Sie Beachtung schenken sollten, sind Wohnanlagen, die aus einem Gasthof entstanden sind. In vielen zentralen Ortslagen kämpfen die Wirtschaften ums Überleben, weil sie als Stätte gemeinsamen Trinkens und Feierns ausgefallen sind. Alkoholkontrollen und Preise setzen sie unter Druck. In Herrsching in Oberbayern haben die Wirtsleute Beilacher an den Andechser Hof eine Wohnanlage angebaut. Aufgrund der zentralen Lage hat dort das Bayerische Rote Kreuz seine ambulante Betreuung stationiert, die Bewohner genießen den Charme eines alten Wirtshauses, das sie schwellenfrei erreichen können, und ihre Besucher finden Unterkunft im selben Gebäude. Betreutes Wohnen kann also viele unterschiedliche Gesichter haben. Nur der Qualitätsanspruch muss an alle gleich sein. Zur Orientierung sei an dieser Stelle auf die Qualitätsstandards der Bayerischen Stiftung für Qualität im Betreuten Wohnen, BSQBW e.V. verwiesen. (www.bsqbw.de)

GUT ZU WISSEN

Als betreutes Wohnen werden Wohnformen bezeichnet, in denen alte Menschen, psychisch Kranke, Behinderte oder Jugendliche von Sozialarbeitern und Psychologen, Erziehern, Therapeuten oder Pflegekräften dahingehend betreut werden, dass bei gleichzeitiger Unterstützung zur Bewältigung der individuellen Probleme die größtmögliche Autonomie gewährleistet wird.

Unter einem Dach: Seniorenwohnanlage, Altenwohnheim

Als Altenwohnheime werden Einrichtungen bezeichnet, die Wohnungen ausschließlich an noch selbstständige Senioren vermieten. Zur gemeinschaftlichen Nutzung stehen ihnen Gemeinschaftseinrichtungen zur Verfügung. Die Bewohner führen ihren Haushalt noch selbst. Sie zahlen Miete, aber keine Grundversorgung durch einen Dienstleister. In manchen Häusern gibt es einen Hausmeister oder ein Notrufsystem, in anderen kann im Bedarfsfall zeitlich befristet Verpflegung, Betreuung und Pflege in der eigenen Wohnung gewährt werden. Manche Wohnheime verfügen auch über Pflegeabteilungen, in denen die Senioren während einer Krankheit vorübergehend, aber auch bei Pflegebedürftigkeit dauernd gepflegt werden. In anderen Wohnheimen ist in diesem Fall ein Umzug in ein Pflegeheim erforderlich. Baulich sollten diese Wohnanlagen barrierefrei und seniorengerecht sein. Oft sind sie es aber nicht, sondern sind lediglich normale Wohnungen, die aus unterschiedlichen Gründen einer neuen Nutzung zugeführt wurden. Wenn Sie auf ein Seniorenwohnheim stoßen, müssen Sie es auf die bauliche Ausstattung und auf die möglichen Dienstleistungen hin prüfen.

Lediglich normale Wohnungen

Das Hotel für die Alten: Seniorenresidenzen

Seniorenresidenzen sind Anlagen, die einen hotelähnlichen Charakter und ein umfassendes Dienstleistungspaket versprechen. Die Zimmer sind zumeist Apartements und Wohnungen mit Kochgelegenheit oder eigener Küche. Die Bewohner bezahlen, anders als beim betreuten Wohnen, keine Miete, sondern einen monatlichen Pensionspreis, in dem Wohnen, Speisen, Service und die Betreuung in Form der Grundversorgung enthalten sind. Zusätzliche Leistungen sind bestellbar. Die Gemeinschaftseinrichtungen werden als hochwertig angepriesen, ein umfangreiches Veranstaltungs- und Kulturangebot findet sich in den Prospekten.

Statt Miete monatlicher Pensionspreis

Mit dem Begriff Seniorenresidenz oder einer ähnlichen

Bezeichnung wird jedoch keine Aussage getroffen hinsichtlich der garantierten Leistungen. In Einzelfällen ist ein hauseigener Pflegedienst da, oft werden jedoch nur Leistungen ambulanter Dienste in Anspruch genommen.

TIPP

Welche Leistungen eine Seniorenresidenz für welchen Preis bietet, sollten Sie vorher prüfen, denn „es gibt keine verbindlichen Normen und Qualitätsstandards", bemerkt die Stiftung Warentest.

Lustig ist das Seniorenleben: die Alten-WG

Die Wohngemeinschaft für Alte ist eine neue Lieblingsidee der Politik. In romantischer Verklärung einer libertinen Studentenzeit sollen sich die Oldies in einer Wohnung mit mehreren Schlafzimmern gegenseitig helfen. Und die *Financial Times Deutschland* hat in ihrer Ausgabe vom 15. Mai 2007 dann auch festgestellt, dass „besonders viele Projekte in Großstädten entstehen, in denen es früher eine aktive Hausbesetzerszene gab“. Die Geschichte in der Zeitung beginnt mit dem „Wohnkonzept 12“ in Hannover und der Gemüsequiche von Frauke Ferner, die sie für die Gemeinschaft gekocht hat. Es riecht nach Abenteuer, finden Sie nicht?

Abenteuer

Eine Alten-WG hat einige positive Aspekte. Es ist eine Gemeinschaft von Menschen mit gleichen oder ähnlichen Problemen und Interessen. Die Angst vor dem Alleinsein wird gemindert, der Haushalt ist gemeinsam einfacher und auch billiger zu führen. Man kann Miete sparen, ein Fahrzeug gemeinsam betreiben, man muss Entscheidungen nicht mehr allein treffen, man muss sich anpassen, und all das kann neue Kräfte und neuen Lebensmut freisetzen.

Und da in einer Gemeinschaft niemand der Schlappste oder Kränkste sein will, sind auch die Auswirkungen auf Gesundheits- und Fitnesspflege positiv einzuschätzen. Haben Sie nicht einen Freundeskreis, mit dem Sie zusammenziehen wollten oder könnten?

Passende Kumpel

Die Voraussetzungen sind relativ einfach: Die passenden Kumpel, ein barrierefreier Wohnraum, ein normaler Mietvertrag, der die Mietergemeinschaft gegenüber dem Vermieter verpflichtet – und umgekehrt. Für Betreuungsleistungen können ambulante Dienste engagiert werden oder Angehörige aktiv werden. Eine Notrufanlage stellt die Verbindung zur Zentrale eines Hilfsdienstes her.

Das größte Problem bei Gründung einer Senioren-WG ist derzeit nicht das der Pflegebedürftigkeit, sondern der Mangel an geeignetem und bezahlbarem Wohnraum. Denn einer Forsa-Umfrage zufolge halten zwei von drei Ruheständlern die WG für das optimale Wohnkonzept, weil sie dabei weder allein noch im Heim leben. Aber derzeit gibt es nur etwa 200 Senioren-WGs in Deutschland.

Zahlreiche Haken

Doch da sind auch zahlreiche Haken. Was ist, wenn jemand die Miete nicht zahlen kann? Dann müssen die anderen einspringen. Daher sollte jeder Bewohner der WG einen separaten Mietvertrag mit dem Vermieter abschließen. Was ist, wenn die Gemeinschaft meint, einer müsse ins Heim, der das aber anders sieht? Eine zwangsweise Einweisung gibt es genauso wenig wie die zwangsweise Entfernung aus der WG. Die Unterschiede zur Studenten-WG sind eklatant. Diese war durch das gemeinsame Ziel Examen befristet. Wo ist das gemeinsame Ziel der Alten? Die Befristung und jugendliche Unbefangenheit machten es auch leichter, jemanden zu finden, dessen Haare im Waschbecken, Essensreste im Eisschrank oder Bierflecken vor dem Fernseher man ertrug. Aber das noch mal in gesteigerter Form? Die Suche nach jemandem, mit dem man sich ein Zusammenleben vorstellen kann, dessen Geruch nicht stört, dem man notfalls die Windel wechseln oder das Gebiss nachtragen würde, dürfte nicht so leicht sein, wie Politiker oder Promis vor laufenden Kameras kundtun. Für Ihren Lebenspartner würden Sie das wohl tun. Aber auch für die Freunde, nach denen Sie vorhin gefragt wurden, oder jemanden, den Sie im Internet kennengelernt haben?

Es gibt inzwischen jedenfalls Suchhilfen für geeignete Partner im Internet, aber die Probleme bleiben, vor allem bleibt auch die zeitliche Befristung, denn irgendwann hilft auch der netteste Freund nicht weiter, dann muss die Hilfe von Fachpersonal in Anspruch genommen werden. Zuerst ambulant, dann stationär. Und das bedeutet Verlassen der WG. Im „Wohnkonzept 12“ in Hannover behilft man sich, so eine Publikation, damit, dass „alt werden noch Theorie ist“. Also spricht man nicht viel darüber.

TIPP

Suchhilfe Senioren-WG

www.senioren-informations-zentrale.de
www.helpnetz.com

Die Wohngemeinschaft für Jung und Alt

Eine weitere Wohnform, die gegenwärtig in den Medien Konjunktur hat, ist die Wohngemeinschaft für Jung und Alt, das Mehrgenerationenhaus.

Für ein entsprechendes „Aktionsprogramm“ gab Bundesfamilienministerin Ursula von der Leyen am 20. November 2006 in Salzgitter den Startschuss. „Wir wollen nun das Miteinander zwischen den Generationen im ganzen Land fördern und lebbar machen", so die Ministerin.

Jedes Mehrgenerationenhaus ist ein offener Tagestreffpunkt. Hier begegnen sich die Generationen und helfen sich gegenseitig wie in einer Familie. Wo familiäre Netzwerke zur Ausnahme werden, sollen Mehrgenerationenhäuser die gegenseitige Unterstützung von Jung und Alt neu beleben.

Soziale Kontakte

Sie bieten einige Vorteile, von denen Sie Kenntnis nehmen sollten. Die Pluspunkte lauten: soziale Kontakte, Mischung mit jungen Menschen, selbstbestimmtes Leben bis ins hohe Alter, solidarisches und nachbarschaftliches Miteinander, Hilfe zur Selbsthilfe im Alter.

Die Nachteile sind, dass es zumeist an der baulichen Seniorengerechtheit mangelt, weil man normale Wohnungen umgenutzt hat, und dass es wie die Senioren-WG keine Wohnform ist, die Sicherheit für den letzten Lebensabschnitt bietet. Weder ist die Ausstattung so gut wie in einem Heim noch ist die Betreuung so professionell organisiert, da eben nur die Senioren, nicht aber die jungen Familien, die das nicht brauchen, dafür ihren finanziellen Beitrag leisten. Alles andere muss private Initiative wettmachen. Und jede Initiative droht zu erlahmen – für Sie, der nichts so braucht wie Verlässlichkeit, ist das ein riskanter Faktor.

Natürlich stehen ambulante Dienste bereit und die schöne Zeit des Seniorseins kann ausgedehnt werden. Aber im Fall der stationären Pflegebedürftigkeit steht dann doch nur der erneute Umzug ins Haus, und das zu einem Zeitpunkt, in dem die Bereitschaft, sich auf eine neue Umgebung einzulassen, deutlich nachgelassen hat. Es ist also eine Wohnform für junge Alte, denen, aus welchen Gründen auch immer, die Chance, in der Familie zu wohnen, genommen wurde und die hier ihre Ersatzfamilie gefunden haben.

Es ist letztendlich wieder Ihre Entscheidung. Sie können sagen, die Zeit in der Gemeinschaft ist mir das Wichtigste. Oder Sie können sagen, Gemeinschaft ist wichtig, aber ich brauche die Sicherheit, nicht irgendwann irgendwohin abgeschoben zu werden.

Der Klassiker: Alters- und Altenheim

Als Relikt aus der Zeit, als es die „jungen Alten" noch nicht gab, haben sich Einrichtungen erhalten, die das Angebot von Wohnen mit dem von Pflege verbinden. Denn wer alt war – so die Auffassung –, der brauchte auch Pflege. Heute sieht man das anders und man täte den Heimen unrecht, ihnen die Bereitschaft zur Veränderung abzusprechen.

Alptraum?

Für viele, vermutlich auch für Sie, ist dennoch die Vorstellung, in ein Heim zu müssen, mit alptraumartigen Befürchtungen verbunden. Es vergeht kaum ein Tag, an dem nicht Fälle von Verwahrlosung bekannt werden, und ernsthafte Gutachten kommen zu dem Ergebnis, dass die Zustände flächendeckend eine Zumutung für die Alten sind.

Das meiste ist weniger der Bösartigkeit der Heimleitung als den zur Verfügung stehenden Mitteln anzulasten. Und zumeist steht der Aufwand, der für die Bewohner, die oft auch Patienten sind, betrieben werden muss, im Vordergrund, nicht der Anspruch an die Ausgestaltung der Wohnung. Wenn Sie also davon ausgehen können, dass in einem Heim die Intensität der Betreuung gesteigert ist, können Sie das hinsichtlich der Wohnqualität mitnichten. Der zu zahlende Aufwand in den Heimen bestimmt sich nach dem Heimgesetz. Der Bewohner zahlt einen festen monatlichen Betrag, den Heimsatz, er kann sich auch nicht eine Wohnung in einem Heim kaufen. Zumeist muss er erhebliche Abstriche hinsichtlich der Wohnqualität machen. Auch die Mitnahme eigener Möbel ist nicht grundsätzlich möglich. Heime bieten Zimmer mit oft nicht mehr als 27 Quadratmetern Fläche im betreuten Wohnen, kleine Wohnungen haben das Doppelte. Mit den Details des Heims wird sich dieser Ratgeber noch ausführlich in Kapitel 6 befassen.

Aufgehoben im Pflegeheim

Da die Wohnmöglichkeiten für die Senioren sich stärker ausdifferenziert haben und das Altersheim seine monopolartige Stellung verloren hat, finden Sie auch reine Pflegeheime. Das sind Einrichtungen für Menschen, die wegen Krankheit, Alter oder Behinderung ständig auf stationäre Hilfe angewiesen sind. Hier werden Unterkunft, Verpflegung und die notwendige Betreuung und Pflege ständig gewährleistet. Jede stationäre Pflegeeinrichtung bietet die Betreuung „rund um die Uhr" in Verantwortung einer ausgebildeten Pflegefachkraft (SGB XI §71).

Betreuung rund um die Uhr

Die Pflegekasse übernimmt für die pflegebedingten Aufwendungen sowie für die Leistungen der medizinischen Behandlung und der sozialen Betreuung im Pflegeheim je nach Pflegestufe festgelegte Beträge. Einige Pflegeheime bieten eine „beschützende Pflege" an, in der Alzheimerpatienten und Demenzkranke Schutz und Betreuung finden. Geeignet sind diese Pflegeabteilungen für Menschen, die unter selbstgefährdender Desorientierung leiden.

Alzheimerpatienten und Demenzkranke

Zur Suche und Anregung: alternative Modelle

Das Altersheim hat derzeit aufgrund negativer Meldungen in der Presse schlechte Karten. Mit Einzelfällen wird die These untermauert, ein Aufenthalt dort sei gefährlich. Alternative Wohn- und Betreuungsangebote müssen also her und angesichts des demografischen Wandels dazu noch zügig ausgebaut werden. Einfälle sind gefragt. Gelingt dies nicht, müssten bis zum Jahr 2050 etwa 800.000 zusätzliche Pflegeplätze geschaffen werden. Diese Zahl, die wie eine Drohung klingt, nannte Brigitte Mohn, Vorstandsmitglied der Bertelsmann Stiftung, bereits im April 2005. „Die Zahl älterer hilfe- und pflegebedürftiger Menschen wird deutlich steigen, gleichzeitig akzeptieren aber immer weniger Pflegebedürftige eine Heimunterbringung. Zudem nimmt die Tragfähigkeit familiärer Netzwerke immer mehr ab.“ So Brigitte Mohn.

Aber welche zukunftstauglichen Wohnformen gibt es, die hohe Ansprüche erfüllen und doch finanzierbar sind und die das bereits dargestellte Angebot bereichern könnten? Das ist ein schwieriges Unterfangen. Sie werden feststellen, dass sich die Themen überschneiden, dass mit unterschiedlichen Begriffen identische Wohnformen gemeint sind. Aber wenn es in Ihrer Nähe eine alternative Wohnform gibt, sollten Sie sich informieren. Außerdem sind die Fragestellungen generell von Bedeutung.

Kleine Gruppen mit gemeinsamem Haushalt

Auf der Suche nach geeigneten Wohnmöglichkeiten für ältere Menschen rücken Wohnformen in den Fokus, wo kleine Gruppen in einem gemeinsamen Haushalt zusammenleben und von regelmäßig präsenten Betreuungskräften unterstützt werden. Sowohl bei älteren Menschen und deren Angehörigen als auch bei Akteuren der Altenhilfe stößt dieses Wohnkonzept auf wachsendes Interesse. Viele Initiativen präsentieren ihr Konzept, die sich oft nur durch den Namen unterscheiden, was Ihnen die Übersicht nicht gerade erleichtert.

Ambulant betreute Wohngemeinschaften

Die sogenannten ambulant betreuten Wohngemeinschaften sollen ermöglichen, auch bei Pflegebedürftigkeit innerhalb der vertrauten Nachbarschaft wohnen zu bleiben und nicht in ein Heim umziehen zu müssen. Die Idee ist, dass etwa acht bis zehn Personen in einer Wohnung in ihrem Stadtteil zusammenziehen und gemeinsam betreut werden, eine Art Senioren-WG, nur dass der Schwerpunkt auf der Pflege liegt. Eine Pilotstudie zu diesen Wohngruppen hat gezeigt, dass ein hohes Maß an Versorgungssicherheit und selbstbestimmter Lebensführung gewährt wird. Allerdings ist die Finanzierung ebenso ungeklärt wie die ordnungsrechtliche Abgrenzung zum Heim.

Versorgungssicherheit

Bayerisches Modell: integriertes Wohnen

Hinter dem integrierten Wohnen, wie es von der bayerischen Obersten Baudirektion vorgetragen wird, steht die Idee, das Zusammenleben unterschiedlicher, sich gegenseitig stützender Bewohnergruppen zu fördern. Das, so ein Sprecher des Bayerischen Staatsministeriums des Innern, entspricht den Bedürfnissen älterer Menschen, aber auch von Familien und Alleinerziehenden mit Kindern. Sie werden darin die Konzepte des Mehrgenerationenhauses wiederfinden. Grundrissflexibilität oder die Zuschaltbarkeit von Räumen sollen Veränderungen und Anpassungen an die sich wandelnden Lebensphasen ermöglichen. Projekte zum integrierten Wohnen werden im Bayerischen Wohnungsbauprogramm gefördert. Das sind beispielsweise große Wohnungen, die Platz für Kinder bieten und bei Bedarf in kleinere Seniorenwohnungen umgewandelt werden können. Dann wir beispielsweise der Hobbyraum zum Vorleseraum umgestaltet und anderes mehr.

Jeder hat seine Insel: Gruppenwohnungen

Älteren und pflegebedürftigen Menschen oder Menschen mit Behinderung und Betreuungsbedarf soll, so ein weiteres bayerisches Modell, mit sogenannten „Pflegeinseln" in Gruppenwohnungen ermöglicht werden, Pflege oder Betreuung individuell mithilfe der ambulanten Dienste ihrer Wahl zu erhalten. Die Gruppenwohnungen können aus einzelnen Apartements oder Zwei-Zimmer-Wohnungen, die allen Erfordernissen genügen (Wohnraum, Schlafraum, Küche und Bad mit WC), oder aus einzelnen Wohnschlafräumen mit eigener Nasszelle und zusätzlichen Gemeinschaftsflächen bestehen.

Pflegeinsel

In diesen Wohnungen des Bestands bekommen dann Pflegedienste einen Raum, ihre Pflegeinsel, von wo aus sie die Betreuung der Senioren in den Gruppenwohnungen aufnehmen.

Da die bestehenden Wohnquartiere den Anforderungen nicht entsprechen, insbesondere nicht schwellenfrei sind, sollen Wohnungen für Senioren-Wohngemeinschaften im Rahmen einer Nachverdichtung geschaffen werden. In Betracht kommt aber auch der Umbau von Bestandswohnungen, hier notfalls aus wirtschaftlichen Gründen mit gemeinschaftlichen Sanitärbereichen. Bei neuen Wohnquartieren oder Umstrukturierungen soll die Einplanung von Pflegeinseln zur Regel werden. In größeren Entwicklungsgebieten werden, wenn sich die Oberste Baudirektion durchsetzt, Senioren-WGs eingeplant, die dann von einer zentralen Insel, die vom Roten Kreuz oder einem anderen Dienstleister betrieben wird, betreut werden.

Wenn die Pflege ins Haus kommt: betreute Hausgemeinschaften

Generell ist es richtig, dass große Heime mit einem ghettoartigen Charakter nicht mehr als adäquat angesehen werden. Eine kleinräumige Vernetzung im städtischen Wohnquartier gilt als ein Modell mit Zukunft. Im gewachsenen Bestand einer Stadt die unterschiedlichen Wohn- und Betreuungsangebote miteinander zu verknüpfen ist eine gewaltige Aufgabe. Noch schwieriger wird es auf dem Land, wo die Wege lang und die Nachfrage nicht so groß ist.

Da es eine wachsende Zahl älterer Menschen gibt, die im Alter bewusst ihre Wohnsituation verändern und eine neue Lebensform ausprobieren wollen, werden solche Quartiersprojekte gefördert. Es sind zum einen jüngere Senioren, die nach Abschluss der Familien- und Berufsphase eine neue Orientierung suchen, zum anderen ältere Menschen, die im Fall von Hilfe- und Pflegebedürftigkeit Vorsorge treffen wollen. Gemeinschaftliches Wohnen scheint für diese älteren Menschen eine passende Lösung zu sein. Es bietet die Möglichkeit, selbstständig zu leben, aber nicht allein, unabhängig zu sein, aber mit Verantwortung für andere, und nur im Notfall, aber nicht „rundum", versorgt zu sein. Hinter dem Begriff „gemeinschaftliches Wohnen" verbirgt sich inzwischen ein breites Spektrum unterschiedlicher Wohnkonzepte. In Deutschland gibt es gegenwärtig etwa 250 dieser gemeinschaftlichen Wohnprojekte.

Gemeinschaftliches Wohnen

Nutzen Sie diese Information und fragen Sie, ob es derartige Beispiele in Ihrer Umgebung gibt, ob irgendwo aus gedanklichen Modellen schon praxistaugliche Ergebnisse geworden sind. Denn in einem theoretischen Konstrukt, und sei es noch so schön, können Sie oder Ihre Angehörigen nicht wohnen. Es könnte ein Ansatzpunkt für Sie sein, sich bei der Suche nach alternativen Wohnformen selbst zu engagieren.

KAPITEL 5

Betreutes Wohnen in einer Wohnanlage – die Zwänge des Alltags hinter sich lassen

Mutige Entscheidung

Der Weg in ein neues Zuhause muss kein traumatisches, von Verlustängsten geprägtes Erlebnis sein. Es kann eine mutige Entscheidung für ein Leben sein, das viele Zwänge des Alltags abstreift und sich auf die gewonnenen Freiheiten und Erlebnismöglichkeiten konzentriert. Sie gehen zum Frühstück, wenn Sie wollen. Sie können es sich auch selbst machen. Sie wollen das Putzen anderen überlassen, kein Problem. Selbst vor der Verwandtschaft können Sie sich zurückziehen, wenn Sie wollen.

Das sind hohe Ansprüche. Und immer mehr treten an, Ihnen diese Ansprüche zu erfüllen, weil die Bauträger hier ein neues Wachstumsfeld für sich entdeckt haben. Denn mittlerweile ist jeder Fünfte ein Senior und in den nächsten Jahren wird die Anzahl der über 80-Jährigen von zurzeit 4 auf über 10 Prozent ansteigen.

Erwarten Sie hohe soziale Standards

Vertragliche Vereinbarungen

Sie werden beim Eintritt in eine Wohnanlage mehrere vertragliche Vereinbarungen eingehen müssen, sowohl mit dem Betreuungsträger als auch mit dem Träger der Anlage. Hierfür gibt es einen Mustervertrag DBM Deutscher Mieterbund/KDA Kuratorium Deutsche Altershilfe „Betreutes Seniorenwohnen“. Dieser ist zu beziehen über:

Kuratorium Deutsche Altershilfe
Wilhelmine-Lübke-Stiftung e.V.
An der Pauluskirche 3
50677 Köln
Tel. 02 21/93 18 47-0
info@kda.de
www.kda.de

Betreutes Wohnen in einer Wohnanlage bietet barrierefreie, altengerechte Wohnungen plus Betreuungsservice. Es werden daher zwei Verträge abgeschlossen: Ein Miet- oder Kaufvertrag für die Wohnung und ein Betreuungsvertrag mit Serviceleistungen.

Der erste Vertrag ist der Mietvertrag

Der Mietvertrag umfasst die klassische Hauptleistung, die Zurverfügungstellung des vermieteten Objekts und die Nebenleistungen, vor allem die Lieferung von Strom, Wasser, Heizung und Hausmeisterservice. Das ist natürlich nicht die Betreuung. Was mit der Betreuungspauschale abdeckt wird, erfahren Sie später.

Keine überhöhte Miete

Lassen Sie sich nicht auf überhöhte Mieten ein, nur weil es sich um eine „Seniorenwohnung“ handelt. Mietwohnungen in betreuten Wohnanlagen haben sich an der ortsüblichen Miete für Wohnungen in vergleichbarer Lage, Art, Größe, Beschaffenheit und Ausstattung zu orientieren. Die größeren Flure, die behindertengerechte Ausstattung und die Gemeinschaftsräume, deren Kosten sich in der Miete niederschlagen, führen zu einer anderen Ortsüblichkeit als bei Objekten ohne diese Besonderheiten. Aber Überschreitungen von 20 Prozent der üblichen Wohnmiete sind erklärungsbedürftig. Die Mietpreise dürfen sich nicht an Hotelkosten orientieren.

Nicht nebensächlich: die Nebenkosten

Kosten des Vermieters

Bei den Nebenkosten bestimmt das Mietrecht, welche auf die Mieter umgelegt werden dürfen und welche der Eigentümer bezahlen muss. Achten Sie darauf, dass unter den Service- oder Betreuungskosten keine Kosten auftauchen, die der Vermieter tragen muss, etwa solche der Verwaltung oder von Reparaturen im Haus. Der tropfende Hahn, die defekte Heizung und der Sprung im Waschbecken sind nicht Ihr Problem. Klären Sie, mit wem Sie sich bei Reparaturen auseinanderzusetzen haben, ob Sie den Eigentümer auffordern müssen oder ob Sie sich direkt an den Hausmeister wenden können.

Geschützt vor Eigenbedarf

Kündigung wegen Eigenbedarf ausgeschlossen

Eine Besonderheit im Mietvertrag des betreuten Wohnens besteht darin, dass die Kündigung wegen Eigenbedarf ausgeschlossen ist. Diese Sicherheit sollte Ihnen unverzichtbar sein. Wenn der Eigentümer der Wohnung diese selbst beziehen will, geht das nur, wenn Sie als Mieter damit einverstanden ist. Das werden Sie allenfalls dann sein, wenn eine andere Wohnung frei wird. Als Mieter dürfen Sie nicht zum Verlassen der Wohnung gezwungen werden. Wohnanlagen, die das Gütezeichen der Bayerischen Stiftung für Qualität im Betreuten Wohnen e.V. BSQBW tragen, bieten Mietern diese Sicherheit.

Als Eigentümer mag Ihnen das als eine Einschränkung Ihres Eigentums erscheinen. Die guten Wohnanlagen versüßen Ihnen diese Einschränkung jedoch mit einem Platz vorn in der Warteliste. Und sollte eine Wohnung frei werden, kann ja getauscht werden.

WICHTIG

Für die Nebenkosten gilt das normale Mietrecht, das heißt, es ist geregelt, welche auf den Mieter umgelegt werden können, zum Beispiel nicht die Reparaturen im Haus, etwa an der Heizung. Achten Sie drauf, dass solche Kosten nicht im Betreuungsvertrag auftauchen. Und der Mietvertrag muss den Ausschluss der Kündigung wegen Eigenbedarf enthalten, damit Sie nicht vom Eigentümer auf die Straße gesetzt werden können.

Ihr wichtigster Partner: der Betreuungsträger

Der Betreuungsträger ist Ihr wichtigster Partner im betreuten Wohnen, wichtiger noch als der wirtschaftliche Träger der Anlage. Der Betreuungsträger muss darstellen, dass er nachhaltig der Aufgabe entsprechen kann, etwa durch Referenzen oder durch Verträge mit öffentlichen Körperschaften. Er muss in der Lage sein, auch Schwerstbehindertenpflege (ab Pflegestufe III) durchzuführen oder die vertraglich dokumentierte Möglichkeit nachweisen, dass die Pflege von einem Kooperationspartner durchgeführt wird.

Eigentlich finden Sie diese Qualifikationen der Betreuung nur in einer gemeinnützigen Organisation mit Erfahrungen in der Seniorenbetreuung. Wenn Sie einem No-Name in der Betreuung begegnen, fragen Sie nach Referenzen und nach der wirtschaftlichen Sicherheit.

Fester Ansprechpartner

In der Anlage muss ein fester Ansprechpartner mit sozialer und oder pädagogischer Qualifikation zur Erbringung von Beratungsleistungen, Angeboten der Freizeitgestaltung und Maßnahmen zur Förderung der Hausgemeinschaft vorhanden sein. Eine Rufnummer oder die Adresse des Betreuungsträgers genügen also nicht. Eine Person mit Name und Gesicht muss da sein.

Es muss ferner ein ausgearbeiteter Notrufplan für 24 Stunden täglich bestehen, der mit eigenen oder externen Dienstleistern abgewickelt wird.

Basis-Betreuungsvertrag

Wenn Sie sich in eine Wohnanlage einkaufen, die noch nicht fertig gestellt ist, fragen Sie nach dem vorgesehenen Betreuer und ob es mit diesem einen „Basis-Betreuungsvertrag“ gibt. In diesem wird zwischen Bauträger und Betreuungsträger vor Beginn der Baumaßnahme schriftlich vereinbart, dass den künftigen Bewohnern Betreuungsleistungen zu erbringen sind. Der Bauträger soll dem Betreuungsträger zusichern, dass bei fertig gestellter Anlage für ein Jahr 80 Prozent der Betreuungspauschale gezahlt werden. Damit können Anlaufschwierigkeiten überwunden werden. Es gleicht einer Katastrophe, wenn der Betreuungsträger wegen Insolvenz aufgeben muss.

TIPP

Wenn Sie sich in eine Wohnanlage einkaufen, die noch nicht fertig ist, fragen Sie nach dem Betreuungsträger und lassen Sie sich den Basis-Betreuungsvertrag zeigen. Denn betreutes Wohnen ohne Betreuungsträger ist keines.

Ein zweiter wichtiger Vertrag: der Betreuungsvertrag

Der Betreuungsvertrag, den Sie zusätzlich zu dem Mietvertrag abschließen, besteht aus zwei Teilen, einem über die Grundversorgung, der pauschal monatlich abgerechnet wird, und einem über zusätzliche Wahlleistungen, die je nach Bedarf abgerufen und bezahlt werden. Das mag Ihnen kompliziert erscheinen, ist aber wichtig. Nur so bekommen Sie Transparenz in Ihre Zahlungen und die erhaltenen Leistungen. Außerdem entspricht es der Gesetzeslage, die betreutes Wohnen nicht nach dem Heimgesetz, sondern als „normales Wohnen“ und somit nach BGB und Mietrecht betrachtet.

Keine Pauschalangebote

Akzeptieren Sie keine undifferenzierten Pauschalangebote, wie sie von den meisten Seniorenresidenzen vorgelegt werden. Der Mietvertrag darf nicht an den Bezug der Wahlleistungen gekoppelt sein und umgekehrt. Die Leistungen müssen einzeln aufgeschlüsselt und preislich jeweils nachvollziehbar sein. Auch sollte der Betreuungsvertrag auflisten, was in der Grundpauschale enthalten ist, das „Basispaket“, und welche Leistungen bei Bedarf dazugekauft werden können.

Klären Sie bei der Vereinbarung der Leistungen auch den größtmöglichen Umfang an Pflegeleistungen (Pflegestufe I bis III) ab und deren Kosten. Normalerweise dient der Betreuungsservice dazu, die vorhandenen Fähigkeiten zu erhalten oder wiederzuerlangen, etwa nach einer Erkrankung. Ob Sie bei dauerhafter Pflegebedürftigkeit in der Wohnung bleiben können, hängt von der dort angebotenen Pflege und von der Schwere der Pflegebedürftigkeit ab. Jedenfalls muss die Pflegestation auf Dauer eingerichtet worden sein. Kann diese Station die Notwendigkeiten der Pflegestufe III nicht abdecken, muss der Betreuungsträger hierfür eine Regelung getroffen haben.

Kein Kündigungsgrund

Auch wenn Ihnen der Betreiber „ein lebenslanges Wohnrecht garantiert“, bedeutet dies nicht, dass Sie es auch tatsächlich wahrnehmen können und möchten. Denn bei schwerer Pflegebedürftigkeit ist regelmäßig eine professionelle Rund-um-die-Uhr-Betreuung, verbunden mit der notwendigen technischen Ausstattung, erforderlich. Nicht alle Wohnanlagen können das bieten. Umgekehrt müssen die Bewohner keine Kündigung befürchten, wenn sie pflegebedürftig werden. Denn Pflegebedürftigkeit ist kein Kündigungsgrund.

ACHTUNG

Auch wenn es ein entferntes Problem zu sein scheint: Klären Sie, was im Fall der Pflegestufe III mit Ihnen geschieht. Wo ist die Pflegestation? Haben Sie sofortigen Zugriff?

Grund- und Wahlleistungen im Betreuungsvertrag

Die Aufteilung zwischen Grund- und Wahlleistungen kann im Einzelfall differieren, nur muss das, was Sie wollen, abgedeckt sein.

Grundleistungen

Pauschale

Die Grundleistungen zahlen Sie mit der monatlichen Pauschale. Dazu gehören Hausmeisterarbeiten in der Wohnung, feste Sprechzeiten der Betreuungskräfte in der Anlage, regelmäßige Besuchstermine in der Wohnung, ein Hausnotruf mit Rund-um-die-Uhr-Bereitschaft, ständige Informationen über Freizeitangebote, Förderung des nachbarschaftlichen Zusammenlebens, Nutzung der Gemeinschaftseinrichtungen sowie Vermittlung und Organisation von Hilfsdiensten bei Bedarf. Das heißt nicht, dass dies dann alles kostenlos ist. Die Pauschale deckt nur ab, dass es verfügbar ist.

Wahlleistungen

Wahlleistungen umfassen den Mahlzeitendienst wie Essen auf Rädern oder Mittagstisch in einem angeschlossenen Restaurant oder Speiseraum, die Versorgung in der

Wohnung, Fahrt-, Begleit- und Betreuungsdienste (zum Arzt, zu Behörden), gemeinschaftsfördernde Maßnahmen wie Konzert-, Theater-, Kinobesuche, Vorträge mit externen Referenten, Reisen usw., die Vermittlung von anderen Dienstleistungen (Friseur, Nagelpflege, Krankengymnastik), die Antragstellung bei den Krankenkassen/Pflegekassen, zum Beispiel Beantragung von Leistungen nach dem Bundessozialhilfegesetz usw. Zu den Wahlleistungen zählen ferner hauswirtschaftliche Hilfe wie Putzdienst, Wäschedienst, Einkaufshilfe, pflegerische und therapeutische Hilfen, ambulante Pflege.

Wahlmöglichkeit

Auf die Wahlmöglichkeit bei der Beauftragung ambulanter Pflegedienste ist hinzuweisen. Das heißt, Sie können sich Ihre Wahlleistungen auch woanders bestellen und sind nicht auf die Angebote der Verwaltung angewiesen.

Und noch ein paar juristische Besonderheiten

Das sind nicht die einzigen juristischen Besonderheiten, auf die Sie beim betreuten Wohnen achten müssen. Über die baulichen Anforderungen an die Wohnung sind Sie schon informiert worden. Doch neben den Verträgen gibt es weitere Besonderheiten.

Gemeinschaftsflächen

Wichtige Ergänzungen

Wichtige Ergänzungen zum rechtlichen Rahmenwerk des betreuten Wohnens betreffen die Gemeinschaftsflächen. Sie dienen den Gemeinschaftseinrichtungen, diese sollen Treffen und Gespräche unter den Bewohnern fördern. Restaurant, Café, Räume für Freizeitaktivitäten, Bade- und Duschanlagen gehören ebenso dazu wie der Büroraum für die Betreuer, Flure und Flächen mit Sitzgelegenheiten, Bänke im Hof oder im Garten.

Keine anderweitige Verwendung

Gemeinschaftseinrichtungen dienen aber auch der Versorgung und Pflege. Das bedeutet, dass die Gemeinschaftsflächen auf Dauer einer anderweitigen Verwendung durch den Betreiber der Wohnanlage entzogen sein müssen. In der Teilungserklärung nach Baufertigstellung muss dies festgelegt werden, damit diese Flächen nicht plötzlich veräußert oder für andere Zwecke, etwa den Betrieb eines Ladens, verwendet werden.

Fertigstellungsgarantie

Fertigstellungsvereinbarungen

Und schließlich brauchen Sie als Käufer einer Wohnung, die in Planung oder Bau ist, die Garantie, dass sie fertig gestellt wird. Finanzierungen gibt es üblicherweise erst, wenn 25 Prozent der Wohnungen aus dem Prospekt verkauft sind. Das heißt, wenn Sie früher unterschreiben, Zahlungen leisten und das Projekt kommt nicht zustande, bekommen Sie Ihr Geld zurück. Aber Sie haben wichtige Zeit bei der Suche nach einem altengerechten Zuhause verloren. Dagegen helfen Fertigstellungsvereinbarungen.

Eine sorgfältige Prüfung des Angebots und des Marktes

Der Weg ins betreute Wohnen führt über das Sammeln von Informationen. Angebote finden Sie zuhauf in Zeitungen, im Internet und in Prospekten. Sie werden von Bekannten darauf angesprochen, Sie stolpern über Anlagen in Ihrer Umgebung. Sammeln Sie alle Informationen und greifen Sie wieder zum Block, um die für Sie wichtigen Kriterien einzutragen. Etwa die Entfernung zu Ihrem jetzigen Wohnort, die Größe, die Lage, das heißt die Nähe zum urbanen Leben. Notieren Sie sich die Namen der Träger und der Betreuungsträger, prüfen Sie, ob die Wohnanlage einen Anschluss an ein Hotel oder an ein Heim hat.

Der Träger soll Erfahrung mit dem Betrieb von derartigen Wohnanlagen haben, der Betreuungsträger sollte die Gewähr bieten, dass er in stürmischen Zeiten nicht gleich das Handtuch wirft, etwa bei größerem Leerstand. Diese Garantie werden Sie normalerweise nur bei kirchlichen oder kommunalen Unternehmen erhalten.

Wenn Sie sich dann für eine Wohnung konkret interessieren, geben Sie sich nicht mit den Informationen von Verkäufer oder Vermieter zufrieden. Besichtigen Sie die Anlage, wenn diese schon fertig ist. Sprechen Sie mit potenziellen Nachbarn, vergleichen Sie die Wohnung mit ähnlichen Angeboten. Es gibt inzwischen eine Reihe von anerkannt guten Anlagen, etwa die von der BSQBW e.V. (Bayerische Stiftung für Qualität im Betreuten Wohnen) zertifizierten. Da können Sie sich einen Eindruck verschaffen, was in diesem Bereich inzwischen qualitativer Standard ist. Der deutsche Mieterbund e.V. (DMB) hat in Zusammenarbeit mit dem Kuratorium Deutsche Altershilfe (KDA), Köln, eine Vielzahl betreuter Wohnangebote im In- und Ausland genauer unter die Lupe genommen. Die Ergebnisse sind in einer Broschüre zusammengefasst, deren Lektüre dazu beitragen könnte, die Spreu vom Weizen zu trennen.

TIPP

Wohnen Sie, wenn Sie sich entschieden haben, ein bis zwei Wochen zur Probe, falls das möglich ist.

Da an Angeboten für betreutes Wohnen noch ein Mangel besteht, müssen Sie sich auf viele unseriöse Anbieter gefasst machen. Aber wenn Sie Ihren Notizblock gut gefüllt haben und seine Inhalte bei der Auswahl respektieren, kann Ihnen wenig passieren. Andererseits gibt es auch positive Beispiele betreuter Wohnanlagen, die halten, was sie versprechen, und das zu einem angemessenen Preis. Und in einigen Ausnahmefällen ist das betreute Wohnen sogar günstiger als eine normale Mietwohnung. Überdies haben die Bewohner betreuter Wohnanlagen prinzipiell die gleichen sozialen Ansprüche wie jeder andere Bürger, etwa auf Wohngeld und Sozialhilfe. Voraussetzung ist natürlich, dass der Anspruch nachgewiesen werden kann und bestimmte Obergrenzen bei Miet- und Betreuungskosten nicht überschritten werden.

Die gleichen sozialen Ansprüche

Wer pflegebedürftig im Sinne der Pflegeversicherung ist (Pflegestufen I bis III), erhält zudem Geld von der Pflegekasse. Die von der Kasse gewährten Sätze in betreuten Wohnungen entsprechen denen für die häusliche ambulante Pflege. Darüber hinausgehende Kosten müssten Sie aus eigener Tasche bezahlen.

Viele Angebote bezeichnen sich nicht als betreutes Wohnen. Oft steht der Name für das Produkt, etwa beim Augustinum. Die Augustinum-Gruppe zählt zu den führenden sozialen Dienstleistungsunternehmen und ist Mitglied im Diakonischen Werk der Evangelischen Kirche.

Unterschiedliche Qualität

Hinter Namen und Bezeichnungen können sich Leistungspakete unterschiedlichster Qualität verbergen. Qualität kostet Geld, auch wenn bestimmte Leistungen nicht in Anspruch genommen, sondern nur vorgehalten werden. Darum ist eine Mindestgröße der Wohnanlage erforderlich, um ein Angebot dauerhaft aufrechterhalten zu können, zumal es keinen Zwang zur Inanspruchnahme geben darf. Eine Wohnanlage unter 40 Einheiten muss deutlich teurer sein als eine mit 80. Sie sollten versuchen, einen Kompromiss zu finden zwischen möglichst niedrigen Kosten und einer möglichst kleinen Einheit. Hier liegt auch die Schwäche von Mehrgenerationenhäusern, da von der Konzeption her ein Teil der Mieter keine Leistungen abfordert.

Kompromiss

Eine betreute Wohnanlage sollte einen eigenen Fachpflegedienst, ein eigenes Cafe, ein eigenes Restaurant, ein Schwimmbad und eine professionell geführte Begegnungsstätte haben.

WICHTIG

Eine Wohnanlage sollte nicht zu groß sein. Sie muss aber groß genug sein, um ein eigenes Restaurant, Café, Pflegedienst und Schwimmbad kostengünstig betreiben zu können.

Der Hotel-Typus

Seitdem Sportvereine den Wirtschaften Konkurrenz machen, seitdem die Polizei die Alkoholkontrollen ernst nehmen, seitdem tun sich viele Gasthöfe schwer. Der Andechser Hof in Herrsching am Ammersee, einem Städtchen mit 10.000 Einwohnern, suchte und fand im betreuten Wohnen eine neue Aufgabe.

Die Lage, mitten im Ort und in Bahnhofsnähe, war optimal. Die Seepromenade ist berühmt, der S-Bahn-Anschluss nach München liegt gegenüber. 51 Wohnungen mit Größen von 29 bis 110 Quadratmetern entstanden dort, Läden, Schwimmbad, Dampf- und Bewegungsbad, eine Praxis für Naturheilkunde sowie ein Therapie- und Gesundheitszentrum, das vom Roten Kreuz betrieben wird und der gesamten Gemeinde zur Verfügung steht. Das ganze Haus wurde schwellenfrei, die Senioren können das gastronomische Angebot des Hotels und seiner Gaststätte nutzen, sich natürlich auch im Zimmer versorgen lassen. Der Clou liegt indes darin, dass die Hotelbelegung deutlich gestiegen ist, da die Verwandten jetzt gern zu Besuch kommen, weil sie im Haus wohnen, aber nicht in der Wohnung des Besuchten. Und das Bier trinkt man gern gemeinsam in der Wirtsstube.

Es gibt inzwischen zahlreiche Angebote, die betreutes Wohnen im Hotelverbund bieten. Wichtig ist zu prüfen, ob sich dahinter nicht eine Seniorenresidenz verbirgt und ob anstelle des (in Wohnen und Betreuung) gegliederten Entgelts nicht ein pauschaler Hotelpreis gefordert wird.

Kontakt:
Andechser Hof
Zum Landungssteg 1
82211 Herrsching
Tel. 0 81 52/96 81-0
www.andechser-hof.de
www.big-wohnbau.de

Der Wohlfühl-Typus

Der Königsgarten Regensburg gilt seit seiner Eröffnung als Referenzmodell. Die nach den Standards der Bayerischen Stiftung für Qualität im Betreuten Wohnen, BSQBW e.V. erstellte Anlage wurde bereits mehrfach prämiert. Die Oberste Baubehörde im Bayerischen Staatsministerium des Innern bedachte die Wohnanlage mit dem „Bayerischen Wohnungsbaupreis 2003 – Barrierefreier Wohnungsbau mit hoher Qualität". Die Anlage erfüllt alle Anforderungen, darum kann hier auf eine Wiederholung verzichtet werden. Was sie so besonders macht, ist, dass man sich an den „Wohlfühl-Kriterien" von Feng Shui orientiert hat.

Wohlfühl-Kriterien

Den Respekt vor den Empfindungen der Bewohner – „in Erkenntnis dieser ganzheitlichen Betrachtungsweise von Mensch und Natur" – spürt man bis ins Detail: von der

Abrundung unnötiger Ecken über die Anordnung der Möbel bis hin zu Wasserläufen und Gartengestaltung. Inzwischen gibt es eine ganze Reihe von Seniorenwohnanlagen, die sich dem Konzept Feng Shui verschrieben haben.

Kontakt:
Königsgarten Regensburg
Udetstr. 12
93049 Regensburg
Tel. 09 41/3 07 47 71
www.wohnen-im-koenigsgarten.de

Der Kombinations-Typus

Der Kombinations-Typus beschreibt die Form des betreuten Wohnens, bei der das Heim baulich an die Wohnanlage angefügt ist.

Der Klassiker ist die Anlage auf dem Hubland in Würzburg, die vom Kommunalunternehmen des Landkreises Würzburg betrieben wird. Die Wohnanlage Miravilla bietet betreutes Wohnen, eine Seniorenwohnanlage und die Lindenhof Wohngemeinschaft, die speziell auf die Bedürfnisse demenziell erkrankter Senioren zugeschnitten ist. Der zweistöckige Anbau besteht aus vier Wohnbereichen, in denen jeweils sieben Bewohner eine familienähnliche Kleingruppe bilden, die ähnlich wie im normalen Haushalt gemeinsam leben, gepflegt werden und Freude und Leid teilen.

Kontakt:
Seniorenwohnanlage am Hubland
Zeppelinstraße 67
97074 Würzburg
Tel. 09 31/80 09-0
Fax 09 31/80 09-2 71
info@seniorenwohnanlage-am-hubland.de
In der Sonnenresidenz in Altdorf-Pfettrach bei Landshut ist

die Kombination ebenfalls realisiert worden. Dadurch ist eine Pflege rund um die Uhr gewährleistet. Bei Pflegestufe III kann der Kranke in der Wohnung versorgt werden, es sind aber auch stationäre Unterbringung und Therapie im Nebengebäude, Senioren- und Pflegehaus Sonnengut, möglich.

Auch der Seniorenwohnpark St. Georg in Furth im Wald bietet die Kombination betreutes Wohnen und Heim – und damit im Bedarfsfall ohne Änderung der Örtlichkeit den unkomplizierten Wechsel in die Pflegeeinrichtung.

Das Deutsche Rote Kreuz betreibt eine kombinierte Wohnanlage in Teterow in der Mecklenburgischen Schweiz mit 26 Wohnungen.

Distanz zu Pflegebedürftigen

Diese knappe Aufzählung zeigt schon, dass dieser Kombinations-Typus sehr selten ist. Der Grund: Mieter in einer Anlage des betreuten Wohnens leben lieber auf Distanz zu Pflegebedürftigen. So ist die Psychologie des Menschen. Nur gelungene architektonische Lösungen schaffen das Kunststück, inhaltliche Nähe und optische Ferne zu schaffen.

Der Typus PPP

Eine neue Entwicklung beschreibt betreutes Wohnen in der Kommune, wo die Verwaltung und der private Betreiber eine PPP, eine „private public partnership“ eingehen. Zwei Beispiele sollen genannt werden, Eching und Garching, beide im Münchner Umland.

Direkt im Zentrum der bayerischen Gemeinde Eching befindet sich das Alten Service Zentrum Eching, ASZ. Es bietet in einem Gebäude 21 betreute Wohnungen, 15 Kurzzeitpflegeplätze, ambulante Pflege, 5 Langzeitpflegeplätze, eine Begegnungsstätte sowie ein Rehabilitationszentrum. Durch die zentrale Lage sind sämtliche Geschäfte des täglichen Bedarfs sowie Ärzte, Apotheken und die

Kirchen zu Fuß gut zu erreichen. Das Rathaus sowie das Bürgerhaus der Gemeinde liegen in unmittelbarer Nähe.

Durch einen hauseigenen ambulanten Pflegedienst und die ständige Anwesenheit von Pflegepersonal sowie eine Notrufeinrichtung in den Wohnungen ist die Unterstützung im Alltag und in Notfällen rund um die Uhr gewährleistet. In dieser Anlage ist alles da, ortszentrales Wohnen, Betreuung auch durch Nachbarschaftshilfe, Pflege durch Fachkräfte – auch stationär für Pflegestufe III.

Betrieben wird das ASZ von einem eingetragenen gemeinnützigen Verein „Älter werden in Eching". Der Bezug der Wohnungen ist allerdings nur für Echinger Bürger und Bürgerinnen möglich oder solche, deren Angehörige in Eching leben. Das ergibt sich daraus, dass die Gemeinde das ASZ mit der kommunalen Altenhilfe beauftragt und damit praktisch die Gewähr für den Bestand des ASZ übernommen hat.

Kontakt:
Alten Service Zentrum – Älter werden in Eching e.V.
Bahnhofstraße 4
85386 Eching
Tel. 0 89/32 71 42-0
Fax 0 89/32 71 42-13
info@asz-eching.de

Das zweite Beispiel ist der Königsgarten in Garching. Das durch die Nachbarschaftshilfe Garching-Hochbrück e.V. betreute Haus vor den Toren Münchens hat nur 54 Wohneinheiten. Hier hat die Gemeinde die Gemeinschaftsflächen gekauft und stellt damit sicher, dass Betreuung und Pflege nicht ausschließlich vom wirtschaftlichen Geschick der Nachbarschaftshilfe abhängen.

Weitere Beispiele gibt es in Stuttgart-Echterdingen und Lübeck.

KAPITEL 6

Besser als sein Ruf – das Heim, ehemals Altersheim, heute vor allem Pflegeheim

Statistisch gesehen leben nur 4 Prozent der älteren Menschen in Alten- und Altenpflegeheimen, doch fast jeder fünfte alte Mensch verbringt seine letzten Lebenstage im Heim. Eine differenzierte Betrachtung zeigt, dass der Anteil der Heimbewohner in der Altersgruppe unter der 70 bis 75-Jährigen nur bei 1,5 Prozent liegt. Dagegen verbringen 8,3 Prozent der 80- bis 85-Jährigen, 15 Prozent der 85- bis 90-Jährigen und 21 Prozent der über 90-Jährigen ihren letzten Lebensabschnitt im Heim.

Es ist der Trend zu erkennen, dass der Anteil der nicht pflegebedürftigen Heimbewohner sich ständig verringert und der Anteil der pflegebedürftigen und hochbetagten Heimbewohner steigt. Wer kann, kehrt dem Heim den Rücken oder zieht erst gar nicht ein.

Das Leben hinter der Statistik

Wenn keiner ins Heim will – wie füllen sich dann seine Bestände? Eine typische Karriere, wenn man das so nennen mag, ist folgender Fall:

Der Senior wird mitten im Leben – zu Hause, in ambulanter Betreuung, in einem Wohnmodell, wo auch immer – von einer Erkrankung ins Bett gezwungen. Es gibt keine Besserung, es bleibt nur der Weg ins Krankenhaus, aus dem man – natürlich – wieder in seine gewohnte Umgebung zurückkehren will. Doch aus dem Patienten wird ein Pflegefall, der „zu seiner eigenen Sicherheit“ in ein Heim übersiedeln muss.

Er kommt ins Heim, hat aber keine Pflegestufe. In den Heimen gibt es Abteilungen für Pflegestufe null, so nennt man das. Wenn er keine fürsorglichen Verwandten hat, kümmert sich niemand um ihn. Und wenn er welche hat, müssen die zahlen.

Ein Heim kostet ungefähr 3.000 Euro monatlich. Vom Versorgungsträger holt es sich direkt die Bezüge des neuen Bewohners, zumeist die Rente. Den Rest muss der Senior zahlen oder jemand für ihn. „Subsidiär“ springt das Sozialamt ein, das – wie bereits beschrieben – versucht, sich an den Kindern schadlos zu halten.

Betreuung

Und was ist mit der Betreuung, dem Bereitstellen der Tabletten und der Kontrolle, dass diese eingenommen werden? Was soll damit sein? Nichts.

Zur Veranschaulichung sind in der folgenden Übersicht die Kosten für den stationären Aufenthalt im Einbettzimmer eines Heims aufgeführt. Hierzu einige Erläuterungen:

- Es gibt nur einen Kostenpunkt, den Tagessatz, aus dem sich die monatlichen Kosten errechnen.
- In den einzelnen Pflegestufen wird der jeweilige Betrag abgezogen, den die Pflegekasse übernimmt. Der Rest bleibt als Eigenanteil.
- In der Pflegestufe null wird kein Abzug gemacht. Die Pflege muss selbst bezahlt werden.

Heiliggeistspital Stiftung Freising

Einrichtungen der stationären Altenhilfe

Heimkosten im Einbettzimmer

Rotkreuzstr. 21 - 85354 Freising

Neufassung **Stand 01.08.05**

	Tagessatz	*Tage/Monat*	*Monatskosten*	*Eigenanteil*
Pflegestufe 0	56,74 €	28	1.588,72 €	1.588,72 €
Pflegestufe 1	82,56 €	28	2.311,68 €	1.288,68 €
Pflegestufe 2	95,62 €	28	2.677,36 €	1.398,36 €
Pflegestufe 3	105,24 €	28	2.946,72 €	1.514,72 €

	Tagessatz	*Tage/Monat*	*Monatskosten*	*Eigenanteil*
Pflegestufe 0	56,74 €	29	1.645,46 €	1.645,46 €
Pflegestufe 1	82,56 €	29	2.394,24 €	1.371,24 €
Pflegestufe 2	95,62 €	29	2.772,98 €	1.493,98 €
Pflegestufe 3	105,24 €	29	3.051,96 €	1.619,96 €

	Tagessatz	*Tage/Monat*	*Monatskosten*	*Eigenanteil*
Pflegestufe 0	56,74 €	30	1.702,20 €	1.702,20 €
Pflegestufe 1	82,56 €	30	2.476,80 €	1.453,80 €
Pflegestufe 2	95,62 €	30	2.868,60 €	1.589,60 €
Pflegestufe 3	105,24 €	30	3.157,20 €	1.725,20 €

	Tagessatz	*Tage/Monat*	*Monatskosten*	*Eigenanteil*
Pflegestufe 0	56,74 €	31	1.758,94 €	1.758,94 €
Pflegestufe 1	82,56 €	31	2.559,36 €	1.536,36 €
Pflegestufe 2	95,62 €	31	2.964,22 €	1.685,22 €
Pflegestufe 3	105,24 €	31	3.262,44 €	1.830,44 €

Kosten die die Pflegekasse übernimmt:

Pflegestufe	**0**	
Pflegestufe	**1**	1.023,00 €
Pflegestufe	**2**	1.279,00 €
Pflegestufe	**3**	1.432,00 €

Stiftung des öffentlichen Rechts
Vertreten durch den Stiftungsvorstand

Rotkreuzstrasse 21 85354 Freising
Telefon 0 81 61 / 603-0
Fax 0 81 61 / 603-23
info@heiliggeistspital-freising.de
www.heiliggeistspital-freising.de

Bankverbindung:
Sparkasse Freising
Kto.-Nr. 10 900 BLZ 700 510 03

USt-IdNr.: DE128968842

In der Pflegestufe null

Die „Pflegestufe null“ existiert, sie wird im Gesetz zwar nur negativ geregelt, ist aber gerichtlich anerkannt: „Darunter (das heißt unterhalb von 90 Minuten) gibt es keine Leistung.“ Der Betreuungsbedarf einer Person besteht zwar, er liegt jedoch unterhalb der Zeitaufwandsschwelle, deren Überschreiten verlangt wird. Wie viel Zeit konzidiert wird, bestimmt sich nach den Zeitkorridoren in den sogenannten Begutachtungsrichtlinien.

Keine Leistung

Und vieles zählt sowieso nicht, der Gang zum Briefkasten oder zum Friedhof zum Beispiel. Es ist nicht leicht, das zu vermitteln. Auch wenn Demenzkranke rund um die Uhr beobachtet werden müssen, muss die Pflegeversicherung nicht zahlen, hat das Bundesverfassungsgericht entschieden. Ambulant pflegende Angehörige bekommen in solchen Fällen keinen Cent. Für eine stationäre Betreuung in einem Heim ohne „zeitschwellenüberschreitende konkrete Erfordernisse“ müssen der Betroffene oder Angehörige aufkommen – wenn nicht die Sozialhilfe einspringt. Der Gesetzgeber, meinten die Karlsruher Richter, dürfe die Pflegeversicherung so ausgestalten, dass sie finanzierbar bleibt und die „Beitragsbelastung dauerhaft auf einem vertretbaren Niveau“ gehalten werden kann.

Sozialhilfe

Bleibt also das Sozialamt. Es prüft unabhängig von der Einteilung in Pflegestufen, ob und wie viel Hilfebedarf (zum Beispiel 14 Stunden täglich) angemessen ist. Wer in Pflegestufe null gelandet ist, kann so dennoch Geld über das Sozialamt erhalten. Das Sozialamt zahlt auch, wenn die von einem Pflegeheim oder einem ambulanten Dienstleister verlangten Pflegesätze höher sind, als die Pflegestufen hergeben. Das ist die sogenannte ergänzende Hilfe zur Pflege. Daneben zahlt es die sogenannten Hotelkosten (für Unterkunft und Verpflegung). Aber das Sozialamt

Dennoch Geld vom Sozialamt

entscheidet auch, wo die Pflege stattzufinden hat, und es zahlt nur „subsidiär“, wenn kein Einkommen, kein Vermögen und keine Unterhaltspflichtigen vorhanden sind.

In der Originalrechnung können Sie sehen, wie ein stationärer Heimaufenthalt in der Praxis abgerechnet wird:

- Es gibt einen zu zahlenden Betrag, aber vier unterschiedliche Spezifikationen:
  - Unterkunft und Verpflegung (Hotelkosten)
  - Investitionskosten
  - Ausbildungszuschlag
  - Pflegebedingter Aufwand
- Der pflegebedingte Aufwand besteht auch in der Pflegestufe null. Er orientiert sich an den Feststellungen des Gutachtens des MDK.
- Für die Bezahlung des Heimentgelts (hier: 1.896,90 Euro) wird zunächst auf das zurückgegriffen, was der Bewohner hat: Renten und Betriebsrente. Den Rest trägt das Sozialamt mit einer Hilfe zur Pflege gem. § 61 SGB XII.
- Zusätzlich zahlt das Sozialamt an den Heimbewohner eine Bekleidungshilfe nach § 35 Abs. 2 SGB XII und einen „Grundbarbetrag“ von 92,07 Euro.

Heiliggeistspital-Stiftung Freising
Heiliggeistgasse 5
85354 Freising

Tel.: 08161/603-26 bzw. 34
Fax: 08161/603-23
email: heiliggeistspital@-online.de

Heiliggeistspital-Stiftung Freising, Rotkreuzstraße 21, 85354 Freising

[redacted]

Rechnung

Bewohner [redacted]

Abrechnungsmonat **September 2007**

Debitoren-Nr. **11820**

Einstufung **0**

Datum **06.09.2007**

Rechn.-Nr. **4000702365**

Pos	Bezeichnung	Spezifikation	Betrag
1	Unterkunft und Verpflegung	01.-30.: anwesend 30 Tag(e) * 18,33 EUR	549,90
2	Investitionskosten	01.-30.: anwesend 30 Tag(e) * 14,20 EUR	426,00
3	Ausbildungszuschlag	01.-30.: anwesend 30 Tag(e) * 0,30 EUR	9,00
4	Pflegebedingter Aufwand Stufe 0	01.-30.: anwesend 30 Tag(e) * 30,40 EUR	912,00
5	Summe Heimentgelt (vollstat.)		1.896,90
6	Anteil der Sozialhilfe		-401,08
7	Rente		-551,82
8	Rente		-671,05
9	Betriebsrente		-272,95
	Hinweis	01.09.-01.09.2007 Bekleidungsgeld	
	Summe Abrechnungsmonat		**0,00**
	Nachberechnung:		0,00
	Zu zahlender Betrag:		**EUR 0,00**

USt-IdNr.: DE128968842

Das Heimgesetz

Wer in ein Heim kommt, schließt dort einen Vertrag, in dem alles geregelt ist: Wohnraum, Pflege, Betreuung, Verpflegung.

Leistungen und Entgelte

Im Heimvertrag (§ 5 Abs. 3 HeimG) sind die Rechte und Pflichten des Trägers und der Bewohnerin oder des Bewohners, insbesondere die Leistungen des Trägers und das von der Bewohnerin oder dem Bewohner insgesamt zu entrichtende Heimentgelt, zu regeln. Der Heimvertrag muss eine allgemeine Leistungsbeschreibung des Heims, insbesondere der Ausstattung, enthalten. Im Heimvertrag müssen die Leistungen des Trägers, insbesondere Art, Inhalt und Umfang der Unterkunft, Verpflegung und Betreuung einschließlich der auf die Unterkunft, Verpflegung und Betreuung entfallenden Entgelte angegeben werden. Das sind die Pflegekosten, die Hotelkosten, die Investitionskosten und vereinbarte Zusatzkosten.

Außerdem müssen die weiteren Leistungen im Einzelnen beschrieben und die jeweiligen Entgeltbestandteile hierfür gesondert angegeben werden.

Was Sie zu zahlen haben, muss dort ebenfalls aufgeführt sein, auch wenn es direkt – mit der Pflegekasse, dem Versorgungsträger oder dem Sozialamt – abgerechnet wird. Der Kostenteil, der Ihnen verbleibt, der „Eigenanteil“ oder die „Zuzahlung“, muss Ihnen schriftlich mitgeteilt werden.

Beziehen Sie Sozialleistungen, müssen Sie Ihre Alltagsausgaben – Friseur, Versicherungen, Telefon und auch Kleidung –, also alles, was über Unterbringung und Essen hinausgeht, vom Taschengeld bezahlen. Dafür bekommen Sie 89 Euro Taschengeld monatlich vom Sozialamt, die vom Heim an Sie bar ausgezahlt oder für Sie verwaltet werden.

Die Investitionskosten können in einigen Bundesländern auch auf Antrag (teilweise) übernommen werden. Den Antrag für das sogenannte Pflegewohngeld – nicht zu verwechseln mit dem Wohngeld – stellt das Heim, das dieses auch kassiert und von Ihrer Rechnung abzieht.

Keine Leistungen und Qualitätsstandards

Wenn Sie meinen, Sie würden im Heimgesetz einen Katalog der Leistungen und Qualitätsstandards finden, werden Sie enttäuscht. In § 3 HeimG steht zu den Leistungen des Heims nicht mehr, als dass diese „nach dem jeweils allgemein anerkannten Stand fachlicher Erkenntnisse zu erbringen" sind. Dazu kann es dann wieder Verordnungen und Mindestanforderungen geben, deren Erlass seit dem Verwaltungsvereinfachungsgesetz vom 21. März 2005 (Bundesgesetzblatt BGBl. 2005 Teil 1 Nr. 18 S.818) in der Zuständigkeit der einzelnen Bundesländer liegt.

Bereits ergangene Rechtsverordnungen (Heimpersonalverordnung, Heimmindestbauverordnung, Heimmitwirkungsverordnung) regeln Mindeststandards von Heimen für die Vertragsgestaltung, die Ausstattung mit Personal, bauliche Normen und Mitwirkung der Heimbewohner. Die Heimaufsicht hat diese zu kontrollieren. Sie ist in den einzelnen Bundesländern bei verschiedenen Behörden angesiedelt, zum Teil bei Landkreisen oder kreisfreien Städten (zum Beispiel in NRW), zum Teil bei Versorgungsämtern oder Landesämtern.

Kontrollbehörden sind Kostenträger

Seit dem Inkrafttreten der Föderalismusreform 2006 erleben die Heime eine teils dramatische Absenkung der Fachkraftquote, was Anlass zu Klagen über die Zustände in Heimen gab. Da die Kontrollbehörden zugleich in der Regel auch Kostenträger sind, ist schwer vorstellbar, wie sie eine verbesserte Versorgung gegen ihre eignen Finanzinteressen durchsetzen sollen.

Das Qualitätsproblem

Heimbewohnern soll bei Bedarf Pflegepersonal für die Grundpflege (Waschen, Kleiden, Essen) und für die Behandlungspflege (Leistungen nach ärztlicher Anordnung) zur Verfügung stehen. In Pflegeabteilungen können Sie bei dauernder Pflegebedürftigkeit betreut werden.

Betreuung rund um die Uhr

Ein gutes Heim bietet Betreuung rund um die Uhr, Verpflegung, gesellige Veranstaltungen und Beschäftigungstherapie. Es bemüht sich um die Erhaltung und Aktivierung einer selbstständigen Lebensführung, individuelle Gesunderhaltung und Rehabilitation sowie Beratung in allen Angelegenheiten. Außerdem werden Leistungen der stationären Pflege nach § 71 Abs. 2 SGB XI erbracht, das heißt Pflegebedürftige werden unter ständiger Verantwortung einer ausgebildeten Fachkraft gepflegt, entweder voll- oder teilstationär.

Viele Heime sind heute integrierte Einrichtungen oder Verbundlösungen. Sie erbringen ambulante und stationäre Leistungen gleichzeitig. Gelegentlich wird auch betreutes Wohnen angeboten. Für den Bewohner hat dies den Vorteil, über das Pflegeheim auch für den Schwerstpflegefall abgesichert zu sein. Das Risiko ist ein qualitatives. Der Doppel- und Dreifacheinsatz der Beschäftigten, ambulant, stationär und betreutes Wohnen, geht zulasten ihrer Präsenz und ihrer Leistungskraft, vor allem nachts. Das durchschnittliche Alter bei der Aufnahme ins Heim liegt heute immerhin bei 85 Jahren.

Im Unterschied zu Kassenleistungen der ambulanten Pflege sind bei der Pflege im Heim die Pflegekosten, je nach Pflegestufe, nach oben begrenzt. Dass sich dies nachteilig auf die Qualität der Pflege auswirken kann, liegt auf der Hand.

Was tun bei Demenz?

Demenz wird heute als Sammelbegriff für eine Reihe von altersbedingten Krankheiten gesehen, Alzheimer und Parkinson werden dazugerechnet. Gemeinsam ist ihnen, dass das Auftreten eines Hilfebedarfs nicht vorhersehbar ist und sofortige Pflegeleistungen erfordert. Nicht jedes Heim kann das leisten und es gibt Schnittstellenprobleme zwischen ambulanter und stationärer Versorgung. Zahlreiche Projekte innovativer Versorgungsformen platzieren sich zwischen traditionellen ambulanten und stationären Regelungsmustern, etwa Wohngemeinschaften oder Wohngruppen für Menschen mit Demenz. Im Heim sind vor allem die würdevolle und fürsorgliche Behandlung, die Beteiligung der Angehörigen an der Pflege, ein individueller Pflege- und Betreuungsplan und angemessene bauliche Gegebenheiten einzufordern, vor allem ein geschützter Garten.

Ambulant oder stationär?

Ihre richtige Wahl

Welches Heim das richtige ist, setzt zunächst einmal eine Auswahlmöglichkeit voraus. Nach einem Krankenhausaufenthalt wird es nur um den nächsten freien Platz gehen; sind Sie auf Unterstützung des Sozialamts angewiesen, wird dieses ein gewichtiges Wort bei der Entscheidung mitzusprechen haben.

Trotzdem bedeutet dies nicht, dass Ihr „Modell des erfolgreichen Alterns", wie der aktuell dominierende Ansatz der Gerontopsychologie (nach Baltes & Baltes, 1990) es nennt, gescheitert ist.

Wo können Sie am besten Ihre Ziele erreichen, Ihre Wünsche verwirklichen und Ihre Befürchtungen vergessen?

Es gibt eine zusammenfassende Beurteilung der Heime durch den Ihnen bereits bekannten MDK, den Medizinischen Dienst der Krankenversicherungen, den Sie in jedem Heim erfragen können.

Keine Formel

Um ein gutes Heim zu finden, gibt es keine Formel. Ein teures Heim muss nicht gut, ein günstiges nicht schlecht sein. Geografische Nähe zum bisherigen Wohnort oder zu dem der wichtigsten Bezugsperson ist ein wichtiges Kriterium.

Gehen Sie unangemeldet durch die Flure. Ist kein Mensch zu sehen, riecht es nach Urin oder Zigaretten, dann gehen Sie wieder. In einem Heim, das Ihnen taugt, machen Sie dann mit dem Pflegedürftigen einen „unverbindlichen" Besuch. Reden Sie dort mit der Verwaltung und vor allem den Bewohnern. Gibt es einen Angehörigenbeirat? Bestimmen die Bewohner den Tagesablauf oder die Heimordnung? Wenn um 18 Uhr alle Bewohner im Bett sind, weil das Personal später keine Zeit mehr hat, ist das ein schlechtes Zeichen. Wie werden die Bewohner beschäftigt? Arbeitet das Heim mit einem Hospizdienst zusammen? Wie ist die fachärztliche Betreuung? Wird das Essen im Haus gekocht? Schauen Sie sich den Speiseraum an, den Sanitärraum, den Garten. Es gibt keine Idealzustände, nirgends. Aber wenn es kein Schwarzes Brett gibt mit aktuellen Tipps und Angeboten, dann können Sie davon ausgehen, dass das Heim nicht lebt, sondern nur verwahrt.

KAPITEL 7

Das Pflege-Weiterentwicklungsgesetz – Licht am Ende des Tunnels?

Die Leistungen der zum 1. Januar 1995 eingeführten Pflegeversicherung tragen dazu bei, dass viele Pflegebedürftige entsprechend ihrem persönlichen Wunsch zu Hause versorgt werden.

Nach mehr als 10 Jahren werden Veränderungen vorgenommen, um die Pflegeversicherung besser auf die Bedürfnisse auszurichten. Dabei soll dem Grundsatz „ambulant vor stationär“ stärker Rechnung getragen werden.

Das Bundeskabinett hat am 18. Oktober 2007 das Gesetz zur strukturellen Weiterentwicklung der Pflegeversicherung beschlossen. Es soll die Lebenssituation für Pflegebedürftige, für Angehörige und für Pflegekräfte verbessern. Jeder soll auch im Pflegefall so weit wie möglich so leben, wohnen und betreut werden, wie er es gern möchte. Die Pflegebedürftigen bekommen höhere Leistungen in der ambulanten Pflege.

Das Gesetz soll zum 1. Juli 2008 in Kraft treten.

Das bringt das Pflege-Weiterentwicklungsgesetz

Anspruch auf Beratung

Pflegebedürftige können sich in Zukunft an Pflegestützpunkte in ihrem Stadtviertel oder ihrer Gemeinde wenden. Sie erhalten einen individuellen Anspruch auf Beratung und Begleitung durch einen Pflegeberater.

Altersverwirrte und demenziell Erkrankte

Altersverwirrte Menschen und demenziell Erkrankte werden besser gestellt. Es wird für die Betreuung von Menschen, die eingeschränkt sind in ihrer Alltagskompetenz, künftig bis zu 2.400 Euro pro Jahr geben.

Mit der erstmaligen Einführung einer Pflegezeit von bis zu sechs Monaten sollen Angehörige die Möglichkeit haben, entweder selbst zu pflegen, zu betreuen oder eine gute Pflege und Betreuung zu organisieren.

Die Qualitätssicherung im ambulanten und stationären Bereich soll weiter ausgebaut werden. Die Prüfberichte des Medizinischen Dienstes (MDK) werden in allgemein verständlicher Sprache aufbereitet und – zum Beispiel im Internet – veröffentlicht. Damit wird für Bürgerinnen und Bürger Transparenz über Qualität und Leistungsfähigkeit der Einrichtungen geschaffen.

Hervorzuheben sind insbesondere die Anhebung der Leistungsbeträge, vor allem im Bereich der häuslichen Pflege, die Dynamisierung der Leistungen, die Einführung eines Anspruchs auf Pflegeberatung (Fallmanagement) sowie die Schaffung von Pflegestützpunkten als Anlaufstellen für Pflegebedürftige und ihre Angehörigen. Mit wohnortnahen Versorgungsstrukturen soll eine quartiersbezogene und an den Bedürfnissen der hilfebedürftigen Menschen ausgerichtete Versorgung und Betreuung ermöglicht werden.

Schaffung von Pflegestützpunkten

Im jeweiligen Wohnquartier werden von den Pflege- und Krankenkassen für zirka 20.000 Einwohner Pflegestützpunkte eingerichtet.

Kommunen als Träger der Altenhilfe und die Sozialhilfeträger, die örtlich tätigen Leistungserbringer, insbesondere die Pflegedienste, und weitere Kostenträger, wie die privaten Versicherungsunternehmen, sollen sich am Pflegestützpunkt beteiligen. Aufgaben der Pflegestützpunkte sind: Auskunft und Beratung der Pflegeversicherten und der in ihrem Interesse handelnden Personen.

Individualanspruch auf umfassende Pflegeberatung (Fallmanagement)

Unterstützungs- und Begleitangebot

Im Rahmen der Pflegestützpunkte wird ein individuelles Beratungs-, Unterstützungs- und Begleitangebot vorgehalten, das jeweils auf die Bedürfnisse des einzelnen Hilfebedürftigen zugeschnitten ist. Aufgabe der Pflegeberater ist,

- den Hilfebedarf unter Berücksichtigung der Begutachtung durch den Medizinischen Dienst der Krankenversicherung systematisch zu erfassen und zu analysieren,
- einen individuellen Versorgungsplan zu erstellen – mit den im Einzelfall erforderlichen Sozialleistungen und gesundheitsfördernden, präventiven, kurativen, rehabilitativen oder sonstigen medizinischen sowie pflegerischen und sozialen Hilfen,
- die für die Durchführung des Versorgungsplans erforderlichen Maßnahmen zu veranlassen,
- die Durchführung des Versorgungsplans zu überwachen und erforderlichenfalls einer veränderten Bedarfslage anzupassen sowie
- bei besonders komplexen Fallgestaltungen den Hilfeprozess auszuwerten und zu dokumentieren.

Auch in der privaten Pflegepflichtversicherung soll es einen Anspruch auf Pflegeberatung (im Pflegestützpunkt) geben.

Anlaufphase für Kassen

Der Anspruch besteht ab 1.1.2009, um eine Anlaufphase für die Kassen zu ermöglichen. Bis dahin kann die Pflegekasse auf freiwilliger Basis Unterstützung durch Pflegeberater gewähren.

„Poolen" von Leistungen

Bessere Rahmenbedingungen für neue Wohnformen sollen durch die gemeinsame Inanspruchnahme von Leistungen (Poolen) und erweiterte Einsatzmöglichkeiten für Einzelpflegekräfte hergestellt werden. Mehrere Pflegebedürftige können ihre Ansprüche auf grundpflegerische Leistungen und hauswirtschaftliche Versorgung bündeln und sich daraus ergebende Effizienzgewinne für den „Einkauf" von zusätzlichen Betreuungsleistungen durch Leistungserbringer (Vertragspartner der Pflegekassen) nutzen.

Die „gepoolten" Leistungen können im Wohnquartier, in der näheren nachbarschaftlichen Umgebung oder auch in einer Wohngemeinschaft gebündelt und abgerufen werden.

Ausbau der Beratungseinsätze

Beratungsbesuche können künftig nicht nur von zugelassenen Pflegediensten, sondern auch von neutralen und unabhängigen Beratungsstellen, die von den Landesverbänden der Pflegekassen anerkannt sind, sowie auf Wunsch auch von Pflegeberatern und -beraterinnen durchgeführt werden.

Ausgestaltung der finanziellen Leistungen

Die ambulanten Sachleistungsbeträge werden bis 2012 stufenweise angehoben:

Pflegestufe	bisher	2008	2010	2012
Stufe I	384 €	420 €	440 €	450 €
Stufe II	921 €	980 €	1.040 €	1.100 €
Stufe III*	1.432 €	1.470 €	1.510 €	1.550 €

* Die Stufe III für Härtefälle im ambulanten Bereich in Höhe von 1.918 Euro monatlich bleibt unberührt.

Das Pflegegeld wird bis 2012 wie folgt angehoben:

Pflegestufe	bisher	2008	2010	2012
Stufe I	205 €	215 €	225 €	235 €
Stufe II	410 €	420 €	430 €	440 €
Stufe III	665 €	675 €	685 €	700 €

In der vollstationären Versorgung werden die Stufe II und Stufe III in Härtefällen bis 2012 stufenweise wie folgt verändert:

Pflegestufe	bisher	2008	2010	2012
Stufe II	1.432 €	1.470 €	1.510 €	1.550 €
Stufe III	1.688 €	1.750 €	1.825 €	1.918 €

Die stationären Sachleistungsbeträge der Stufen I und II bleiben zunächst unverändert.

Pflegestufe null

Der Betreuungsbetrag, den nun auch Personen der so genannten Pflegestufe null erhalten können, wird von 460 Euro jährlich auf bis zu 200 Euro monatlich (2.400 Euro jährlich) angehoben.

Höchstmöglicher Gesamtanspruch

Der höchstmögliche Gesamtanspruch für Leistungen der häuslichen Pflege und Leistungen der teilstationären Pflege wird auf das 1,5-Fache des bisherigen Betrags erhöht.

Leistungen für die Tages- und Nachtpflege werden ebenso schrittweise angehoben wie die ambulanten Pflegesachleistungen.

Förderung von Ehrenamt und Selbsthilfe

Die Förderung von niedrigschwelligen Betreuungsangeboten und Modellvorhaben wird um 5 Millionen Euro im Jahr auf 15 Millionen Euro angehoben. Mit der Kofinanzierung der Länder und Kommunen stehen dann 30 Millionen Euro pro Jahr zur Verfügung.

Einführung einer Pflegezeit für Beschäftigte

Freistellung

Bei Pflege durch Angehörige wird für die Dauer von bis zu sechs Monaten ein Anspruch auf unbezahlte, aber sozialversicherte Freistellung von der Arbeit gegenüber einem Arbeitgeber, der mehr als 15 Beschäftigte hat, eingeführt (sogenannte Pflegezeit).

Neben dem Anspruch auf Pflegezeit wird Beschäftigten ein Anspruch auf kurzzeitige Freistellung für bis zu zehn Arbeitstage eingeräumt, um in einer akut auftretenden Pflegesituation eine bedarfsgerechte Pflege zu organisieren oder eine pflegerische Versorgung in dieser Zeit sicherzustellen (sogenannte kurzzeitige Arbeitsverhinderung).

Leistungsdynamisierung

Die Leistungen der Pflegeversicherung sollen künftig in einem dreijährigen Rhythmus dynamisiert werden. Da die bisherigen Leistungsbeträge ab 2008 stufenweise angehoben werden, beginnt die entsprechende Dynamisierung erstmals 2015, drei Jahre nach Abschluss der Anhebung der Sachleistungsbeträge.

Finanzierung

Zur Abdeckung der laufenden Ausgaben in der Pflegeversicherung und zur Finanzierung der vorgeschlagenen Verbesserungen der Leistungen wird der Beitragssatz um 0,25 Prozent ab 1. Juli 2008 von bisher 1,7 auf 1,95 Prozent (bei Kinderlosen von bisher 1,95 auf 2,2 Prozent) erhöht. Im Gegenzug wird der Beitragssatz in der Arbeitslosenversicherung um 0,3 Prozent abgesenkt.

Beitragssatz erhöht

ANHANG

Initiativen, die Sie interessieren könnten

Dieser Ratgeber hat versucht, Sie ins Alter zu begleiten – in der eigenen Wohnung und in einer neuen. Was noch zu tun bleibt, ist, Ihnen die Kontaktdaten einiger Initiativen und Servicestellen zu nennen, damit Sie sich weiter informieren und Hilfeleistungen abrufen können.

Forum Gemeinschaftliches Wohnen

Der öffentlich unterstützte Verein initiiert, berät und vernetzt alternative Wohnprojekte sowie Wohninitiativen älterer und jüngerer Menschen. Der Verein will Menschen motivieren, sich für neue Wohn- und Lebensformen zu engagieren und in der sich verändernden Gesellschaft neue tragfähige soziale Strukturen zu schaffen.

Der Verein unterstützt die Realisierung von Wohnprojekten, die durch eigene Initiative entstehen und deren Struktur und Bestimmung die Bewohner selbst planen, und die Entstehung von Gruppen, in denen ältere und jüngere Menschen zusammenwohnen wollen.

Forum Gemeinschaftliches Wohnen e.V.
Haus der Region
Hildesheimer Str. 20
30169 Hannover
Tel. 05 11/4 75 32 53
Fax 05 11/4 75 35 30
info@fgw-ev.de
www.fgwa.de

Forum Seniorenarbeit NRW

In Zusammenarbeit mit den Initiativen Forum Gemeinschaftliches Wohnen e.V., Neues Wohnen im Alter e.V., der Wohnbund-Beratung NRW und dem Grundlagenreferat Wohnen des Kuratoriums Deutsche Altershilfe will das Forum Seniorenarbeit sinnvolle Anforderungen für gemeinschaftliches Wohnen herausarbeiten. Im Mittelpunkt stehen die beiden Regionalbüros zur Förderung neuer Wohnformen, die beim Kölner Verein „Neues Wohnen im Alter“ und bei der Wohnbundberatung NRW in Bochum angesiedelt sind.

Forum Seniorenarbeit
c/o Kuratorium Deutsche Altershilfe
Wilhelmine-Lübke-Stiftung e.V.
An der Pauluskirche 3
50677 Köln
Tel. 02 21/93 18 47-0
Fax 02 21/93 18 47-6
info@kda.de
www.kda.de

Bundesministerium für Familie, Senioren, Frauen und Jugend (BMFSFJ)

Ein Aktionsprogramm des BMFSFJ will bis Ende 2007 500 Mehrgenerationenhäuser in Deutschland schaffen. Die ersten 200 haben bereits ihre Arbeit aufgenommen. Die Initiativen – Kirchengemeinden, Seniorenbüros oder Familienzentren –, die Träger eines Mehrgenerationenhauses sind, betreiben offene Tagestreffpunkte, in denen sich die Generationen begegnen und helfen.
Ein anderes Projekt des BMFSFJ will private Initiativen unterstützen. Betreute Wohngemeinschaften sollen alternativ zum Altersheim als eigenständige Säule des Wohnens im Alter etabliert werden. Auf der Homepage www.bmfsfj.de werden über 20 Modelle vorgestellt, die bereits realisiert sind.

Bundesministerium für Familie, Senioren, Frauen und Jugend
11018 Berlin
Servicetelefon: 01 80/1 90 70 50
Zentrale: 0 30 18/5 55-0
Fax 0 30 18/555-44 00
www.bmfsfj.de

Leben und Wohnen im Alter

Im Rahmen des Projekts „Leben und Wohnen im Alter“, das vom Kuratorium Deutsche Altenhilfe (KDA) zusammen mit der Bertelsmann-Stiftung realisiert wird, versucht man, „ambulant betreute Wohngruppen aus dem normalen Wohnen heraus zu entwickeln“. Hier leben etwa sechs bis acht, höchstens aber zwölf Hilfe- und Pflegebedürftige in einem gemeinsamen Haushalt zusammen und werden dabei von Betreuungskräften unterstützt. Pflegeleistungen werden von ambulanten Diensten erbracht. Das Problem sind geeignete Wohnungen, die Qualität der Leistungen, taugliche Konzepte für die Qualitätssicherung und ein tragfähiges Business-Modell.

Kuratorium Deutsche Altershilfe, KdA
An der Pauluskirche 3
50677 Köln
Tel. 02 21/93 18 47-0
Fax 02 21/93 18 47-6
info@kda.de
www.kda.de

„Leben und Wohnen im Alter – Bedarfsgerechte Wohnmodelle für die Zukunft"

Im Rahmen des Gemeinschaftsprojekts „Leben und Wohnen im Alter – Bedarfsgerechte Wohnmodelle für die Zukunft“, das vom Bundesministerium für Familie, Senioren, Frauen und Jugend, der Stiftung Liebenau, Meckenbeuren, und dem Bundesverband Freier Immobilien- und Wohnungsunternehmen, Berlin, durchgeführt wurde, wurden zehn Projekte ausgezeichnet, die für Sie interessant sein könnten. Insgesamt 85 Projekte hatten sich am Wettbewerb beteiligt, darunter Initiativen, deren Wohn- und Betreuungsangebote auf ein kleinräumiges Wohngebiet abgestimmt sind. Dabei werden Wohnungsbau und soziale Dienste miteinander verknüpft, wobei sehr unterschiedliche Akteure wie Wohlfahrtsverbände, Wohnungsunternehmen, Kommunen, private Dienstleister oder Vereine zusammenwirken. Die Quartiersinitiativen beziehen sowohl alte und junge Menschen, die in dem Wohngebiet leben, als auch die Organisationen, die hier bereits aktiv sind, in die Planung und Umsetzung der Angebote mit ein:

1. Den 1. Preis erhielt das Nachbarschaftszentrum Meinolfstraße der Baugenossenschaft Freie Scholle eG, Bielefeld. Im Zentrum sind einige Institutionen vertreten: eine Altenberatung, ein Aktivitätenzentrum, ein Stadtteilbüro und der evangelische Gemeindedienst. So sind öffentliches Interesse und gesellschaftliches Leben garantiert. Die Freie Scholle in Bielefeld zählt zu den „Pionieren des Quartierskonzepts“ und hat als Wohnungsunternehmen eine eigene Altenhilfe für und mit ihren Bewohnern aufgebaut. In dem eingereichten Projekt wurde dieser Ansatz auf ein städtisches Wohngebiet ausgedehnt und weitere Akteure wie die Wohlfahrtspflege und die Stadt wurden einbezogen.

2. Der 2. Preis ging an Miteinander Wohnen e.V. in Berlin-Lichtenberg. Das ist eine Quartiersinitiative, die aus bürgerschaftlichem Engagement entstanden ist. Ein dichtes Netz von Gemeinschafts- und Hilfeangeboten in einem gewachsenen Ostberliner Wohngebiet wird überwiegend ehrenamtlich organisiert. Die bislang meist „vorstationäre" Arbeit wird durch die Integration stationärer Pflege zu einem „lückenlosen" Angebot ausgebaut.

3. Die vernetzte Versorgungskette der Pflegestern GmbH &Co. KG in Poing bei München erhielt den 3. Preis. Sie ist aus einer Initiative bürgerschaftlichen Engagements in Zusammenarbeit mit den beiden Kommunen Poing und Kirchheim entstanden. Ein besonderes Merkmal dieses Projekts ist das Angebot von „betreutem Wohnen zu Hause" in Verbindung mit einem tragfähigen Finanzierungskonzept.

Wenn Sie sich ausführlich informieren wollen:

Leben und Wohnen im Alter
Werkstatt-Wettbewerb Quartier
Bedarfsgerechte Wohnmodelle für die Zukunft
Dokumentation der ausgezeichneten Beiträge
Kuratorium Deutsche Altershilfe, 2005
132 Seiten, ISBN 3-935299-75-3

Koordinationsstelle „Wohnen zu Hause"

Die Koordinationsstelle „Wohnen zu Hause" will alle Einrichtungen verbinden, die in Bayern betreutes Wohnen zu Hause anbieten. Sie will insbesondere die Qualitäten des betreuten Wohnens zu Hause deutlich machen und zur Qualitätssicherung der Leistungen beitragen, zum Beispiel durch Schulung der ehrenamtlichen Helfer. Die Koordinationsstelle Wohnen zu Hause ist ein Projekt des Bayerischen Staatsministeriums für Arbeit und Sozialordnung, Familie und Frauen und bei der Arbeitsgruppe für Sozialplanung und Altersforschung GbR (AfA) in München angesiedelt.

AfA – Arbeitsgruppe für Sozialplanung und Altersforschung GbR
Spiegelstr. 4
81241 München
Tel. 0 89/89 62 30-44 und -45
Fax 0 89/89 62 30-46
www.afa-sozialplanung.de
www.wohnen-zu-hause.de

Was nutzen Ihnen die Initiativen?

Was die Projekte und Alternativen taugen, ist schwer zu sagen. Es gibt noch zu wenige Erfahrungen. Die meisten haben ihre angestrebte Kundenzahl noch nicht erreicht. Eine hohe Fluktuation, mangelnde Kenntnis der Angebote und ein hoher Erklärungs- und Abgrenzungsbedarf gegenüber anderen Angeboten der Altenhilfe (betreutes Wohnen, ambulante Pflege, Nachbarschaftshilfe) machen die Arbeit vieler alternativer Projekte schwer. Darum kann es nicht deutlich genug gesagt werden: Für Sie oder Ihre Schutzbefohlenen sind diese Projekte entweder Experimente, deren Nachhaltigkeit nicht garantiert ist, oder gedankliche Anregungen, welche Aspekte des Wohnens im Alter ausschlaggebend sind. Und zum Vergleich heranziehen sollten Sie nicht die Kosten für einen Heimplatz, sondern die einer Wohnung im betreuten Wohnen.
Der Schlüssel für die Überlebensfähigkeit der Initiativen liegt in ihrer dauerhaften Finanzierung. Zur Finanzierung einer Vollzeitstelle und der dazugehörigen Helfer sowie der Nebenkosten reichen ungefähr 35 Betreuungs- und 60 Optionsverträge zu 110 beziehungsweise 25 Euro pro Monat gerade aus, um die Kosten zu decken.

Mit dem Optionsvertrag sichert sich der Senior das Recht auf Aufnahme in dem Projekt. Der Arbeitsaufwand, insbesondere für die Optionsverträge, aber auch für die Vollverträge, ist nach den bisherigen Erfahrungen jedoch so hoch, dass die Arbeitskapazität einer Stelle dafür nicht ausreicht. Die Preise für ein derartiges Angebot müssten demnach mindestens doppelt so hoch sein, stellte die Koordinationsstelle „Wohnen zu Hause“ in einem Workshop fest, nämlich 220 beziehungsweise 50 Euro pro Monat, was aber gegenwärtig nicht zu erlösen sei.

Auch der Besuchsdienst muss bezahlt werden und der Hausnotruf kostet zwischen 25 und 35 Euro, wobei die Kosten des Einsatzes nicht gerechnet sind.

Wenn die Initiative insolvent wird, sind auch die Gelder, die für die Optionsverträge gezahlt worden, verloren. Dann wird der wartende Senior nicht nur enttäuscht, er wird zum Opfer.

Beratungsstellen, die Ihnen helfen wollen

Beratungsstellen für Senioren haben heute alle größeren Städte, die Kirchen und die Wohlfahrtsverbände. Die nachstehende Auswahl beschränkt sich daher auf Angebote, die nicht so leicht zu finden sind.

Bundesarbeitsgemeinschaft Seniorenbüros e.V.

Die Bundesarbeitsgemeinschaft Seniorenbüros hat es sich zur Aufgabe gemacht, das freiwillige Engagement älterer Menschen im Rahmen der Seniorenbüros zu fördern und zu qualifizieren.

Seniorenbüros sind Informations-, Beratungs- und Vermittlungsstellen für ehrenamtliches und freiwilliges Engagement in der nachberuflichen Lebensphase. Sie gehen auf ein Modellprogramm des Bundesministeriums für Familie, Senioren, Frauen und Jugend zurück.

Heute gibt es in Deutschland ca. 200 Seniorenbüros.

Bundesarbeitsgemeinschaft Seniorenbüros e.V.
Graurheindorfer Str. 79
53111 Bonn
Tel. 02 28/61 40 74/78
Fax 02 28/61 40 60
bas@seniorenbueros.org

Demografie konkret

Die Aktion Demographischer Wandel der Bertelsmann Stiftung zeigt Projekte, die Kommunen vor dem Hintergrund einer schrumpfenden und alternden Gesellschaft initiiert haben.

Bertelsmann Stiftung
Carl-Bertelsmann-Str. 256
33311 Gütersloh
Tel. 0 52 41/81-8 11 94
www.aktion2050.de

Bundesinteressenvertretung und Selbsthilfeverband der Bewohnerinnen und Bewohner von Altenwohn- und Pflegeeinrichtungen (BIVA) e.V.

Die BIVA ist ein unabhängiger Selbsthilfeverband, der sich für die Stärkung der Rechte der Bewohnerinnen und Bewohner aller Heimarten und Wohnformen einsetzt. Sie ist bis heute die einzige bundesweite Interessenvertretung für Menschen, die in Altenwohn- und Pflegeeinrichtungen leben.
Die BIVA hat unlängst die Publikationen vorgelegt: „Hausrecht in Heimen“ und „Antragsberechtigung für Pflegegutachten“.

BIVA
Postfach 1247
53911 Swisttal
Tel. 0 22 54/70 45
Fax 0 22 54/70 46

Wohnen zu Hause

Das Kuratorium Deutsche Altershilfe hat mit www.hilfeundpflege-im-alter.de ein Internetportal angelegt, das zahlreiche Informationen bietet und auch interaktiv benutzt werden kann.

Bundesarbeitsgemeinschaft der Senioren-Organisationen (BAGSO) e.V.

Die BAGSO betrachtet sich als die Lobby der Älteren. Auf der Homepage www.bagso.de gibt es eine Reihe von Informationen.

Bundesarbeitsgemeinschaft der Senioren-Organisationen e.V. (BAGSO)
Bonngasse 10
53111 Bonn
Tel. 02 28/24 99 93-0
Fax 02 28/24 99 93-20
kontakt@bagso.de

Bundesarbeitsgemeinschaft Wohnungsanpassung (BAG)

Die Bundesarbeitsgemeinschaft Wohnungsanpassung (BAG) wurde als Verein zur Förderung des selbstständigen Wohnens älterer und behinderter Menschen gegründet, um die Wohnungsanpassung voranzubringen und das Netz der Beratungsstellen dichter zu knüpfen. Der Verein will Verbesserungen des Wohnumfeldes und des Betreuungsangebotes unterstützen, die für das selbstständige Wohnen erforderlich sind. Er arbeitet mit regionalen Ansprechpartnern.

Bundesarbeitsgemeinschaft Wohnungsanpassung e. V., Verein zur Förderung des selbstständigen Wohnens älterer und behinderter Menschen
Mühlenstraße 48
13187 Berlin
Tel. 0 30/47 53 17 19
Fax 0 30/47 53 18 92
info@wohnungsanpassung.de
www.wohnungsanpassung.de

Anschriften der regionalen Ansprechpartner:

Baden-Württemberg
DRK Kreisverband Stuttgart
Bellingweg 16 A
70372 Stuttgart
Tel. 07 11/28 08 13 33
Fax 07 11/28 08 13 23

Bayern
Fachstelle Wohnberatung in Bayern
Aachener Straße 9
80804 München
Tel. 0 89/35 70 43 13 und -15
Fax 0 89/35 70 43 29

Berlin, Brandenburg
Koordinierungsstelle rund ums Alter
Mühlenstr. 48
13187 Berlin
Tel. 0 30/47 53 17 19
Fax 0 30/47 53 18 92

Bremen
kom.fort e.V.
Beratung für barrierefreies Bauen und Wohnen
Landwehrstr. 44
28217 Bremen
Tel. 04 21/79 01 10
Fax 04 21/79 01 120
info@kom-fort.de

Hamburg, Schleswig-Holstein
Barrierefrei Leben e.V.
Richardstr. 45
22081 Hamburg
Tel. 0 40/29 99 56-56
Fax 0 40/29 36 01
beratung@barrierefrei-leben.de

Hessen
Hessische Fachstelle für Wohnberatung
AWO Bezirksverband Hessen Nord e.V.
Wilhelmshöher Allee 32 a
34123 Kassel
Tel. 05 61/50 77 137
Fax 05 61/50 77 437

Mecklenburg/Vorpommern
„barrierefreies rostock" e.V.
Wohnberatungsstelle
Auf der Huder 6
18055 Rostock
Tel. 03 81/2 93 53
Fax 03 81/4 90 21 83

Niedersachsen
Niedersächsische Fachstelle für Wohnberatung
Scharnikaustr. 8
30625 Hannover
Tel. 05 11/388 28 95
Fax 05 11/388 28 97

Nordrhein-Westfalen
Beratungsstelle für Wohnraumanpassung
Paritätische Sozialarbeit Köln e.V.
Mauritiussteinweg 36 A
50676 Köln
Tel. 02 21/5 60 34-0
Fax 02 21/5 60 34-29

Saarland, Rheinland-Pfalz
Wohnberatungsstelle Stiftung Hospital
Hospitalstraße 35-37
66606 St. Wendel
Tel. 0 68 51/8 90 81 82
Fax 0 68 51/8 90 85 55

Sachsen-Anhalt
Gesellschaft für Prävention im Alter (PiA) e.V.
Brandenburger Straße 9
39104 Magdeburg
Tel. 03 91/8 86 46 15
Fax 03 91/8 86 47 29

Sachsen, Thüringen
Stadt Leipzig, Sozialamt
Wohnberatung für ältere und behinderte Menschen
Stadthaus, Burgplatz 1
04109 Leipzig
Tel. 03 41/1 23 45 69
Fax 03 41/1 23 45 40

Deutsches Rotes Kreuz

Das Deutsche Rote Kreuz (DRK) ist die Nationale Rotkreuz-Gesellschaft in Deutschland nach dem Genfer Abkommen und als solches Teil der Internationalen Rotkreuz- und Rothalbmond-Bewegung. Es ist – als einer der großen Wohlfahrtsverbände in Deutschland – Spitzenverband der Freien Wohlfahrtspflege.

DRK Generalsekretariat
Carstennstr. 58
12205 Berlin
Tel. 0 30/8 54 04-0
Fax 0 30/8 54 04-450
drk@drk.de

Der Deutsche Caritasverband e.V.

Die Caritas ist der größte Wohlfahrtsverband Deutschlands und organisiert die soziale Arbeit der katholischen Kirche.

Deutscher Caritasverband e.V.
Karlstraße 40
79104 Freiburg im Breisgau
Tel. 07 61/2 00-4 18
Fax 07 61/2 00-5 41
info@caritas.de

Diakonisches Werk der EKD

Die Diakonie ist die soziale Organisation der Evangelischen Kirche in Deutschland, EKD, mit den Worten ihres Gründers Johann Hinrich Wichern: „Die Kirche hat nicht eine Diakonie, die Kirche ist Diakonie."

Dienststelle Berlin
Reichensteiner Weg 24
14195 Berlin-Dahlem
Tel. 0 30/8 30 01-0
Fax 0 30/8 30 01-222

Dienststelle Stuttgart
Stafflenbergstr. 76
70010 Stuttgart
Tel. 07 11/21 59-0
Fax 07 11/ 21 59-288

Der Malteser Hilfsdienst e.V.

Der Malteser Hilfsdienst e.V. Deutschland ist eine vom Malteserorden und der Caritas gegründete katholische Hilfsorganisation.

Deutsche Assoziation des Malteserordens
Burgstraße 10
53505 Kreuzberg
Tel. 0 26 43/20 38
Fax 0 26 43/23 93

Siloah

„Wir suchen Leute ab 50plus zur Planung und Organisation einer Alters-WG.“ Oder: „Mitbewohnerin ab 50 wegen Einsamkeit gesucht.“ So lauten die Wohnungsangebote auf der Internet-Plattform www.neue-wohnformen.de. Die NetWerk GmbH aus Balingen gibt mit einer Online-Kontaktbörse (www.neue-wohnformen.de) eine Übersicht über Angebote im Markt alternativer Wohnformen: Senioren-WG, betreutes Wohnen, Seniorenresidenz oder selbst arrangierte Lebensentwürfe. Die Informationen werden mit den Daten bereits erfasster Wohnwünsche beziehungsweise Wohnprojekte abgeglichen. Träger ist der Evangelische Diakonissenverein Siloah aus Pforzheim.

NetWerk GmbH
Bahnhofstr. 27
72336 Balingen
Tel. 0 74 33/26 00 40
info@neue-wohnformen.de

Beratungs- und Vermittlungsdienste

Seniorplace ist ein Beratungs- und Vermittlungsservice für Senioren. Im Internet oder telefonisch können Sie Ihr „persönliches Suchprofil“ abgeben und sich ein Angebot vorlegen lassen.

Seniorplace
Tel. 0800/2 23 08 00
www.seniorplace.de

Domizilsuche ist ein internetbasierter Such- und Vermittlungsdienst, mit dessen Hilfe Sie sich freie Plätze in Wohnanlagen und Heimen herausfiltern können. Mit einer E-Mail können Sie Kontakt zu Einrichtungen, die Sie interessieren, aufnehmen. Hin- und Rücklauf erfolgen indes nicht direkt, sondern über Domizil.

www.domizilsuche.de

Stichwortverzeichnis